S Gespräche führen

1. Sieh dir dieses Bild an. Es zeigt den Beginn eines Gesprächs zur Frage:
Soll man am Sonntag zusammen mit den Eltern etwas unternehmen oder Unternehmungen mit Freunden vorziehen?

2. Stelle dir vor, du hättest die Gesprächsleitung. Mit welchen Worten würdest du das Gespräch einleiten?

3. Welche Äußerungen würdest du als Gesprächsleiter als förderlich bzw. als störend empfinden? Begründe deine Bewertung.

störend	förderlich
Einfach unmöglich!	

4. Zeige für eine der acht Äußerungen, wie du als Gesprächsleiter mit ihr umgehen würdest.

5. Welchen Beitrag würdest du als Gesprächsteilnehmer einbringen?

S Sich bewerben 2

Lebenslauf

Am 12. April 1980 wurde ich in Neustadt geboren. Meine Eltern sind der Buchhalter Josef Ohmer und dessen Ehefrau Yvonne, geb. Karcher. Bald nach meiner Geburt zogen wir an unseren heutigen Wohnort Speyer. 1985 ließen sich meine Eltern scheiden. Ich lebe mit meiner zwei Jahre älteren Schwester bei meinem Vater.
Im August 1986 wurde ich in die Grundschule Wogbach eingeschult. 1990 wechselte ich in ein Gymnasium, setzte jedoch drei Jahre später meine Schullaufbahn in der 7. Klasse der Hauptschule Ost fort. Am Ende des Schuljahres 1995/96 werde ich voraussichtlich diese Schule mit dem Hauptschulabschluß verlassen.
In meiner Freizeit bin ich am liebsten im Jugendzentrum und beteilige mich an mehreren Aktionen. In der Schule liegen mir die Fächer Mathematik und Biologie am besten.

Speyer, den 24. 11. 1994

Franz Ohmer

1. Sprecht darüber, ob alle Angaben im Beispiel überhaupt in einen Lebenslauf gehören.

2. Schreibe das Beispiel in einen tabellarischen Lebenslauf um. Du mußt nicht alle Angaben verwenden.

Wir stellen ein:
Anlernlinge in der Textilbranche
Chiffre 5711

Bäckerlehrling
zum 1. August gesucht
Bäckerei Teigstube
Goldgrubenstraße 12
60439 Frankfurt

Tüchtige und zuverlässige Jugendliche für die Ausbildung zum
Betriebselektriker
gesucht.
Elektro Warm
Kelvinstraße 3
50996 Köln

Schülerin mit qualifiziertem Abschluß kann bei uns eine Ausbildung als Bürokauffrau beginnen. Bewerbungen mit entsprechenden Unterlagen an
HEINZELFRAU WERKE, Fraunhoferstraße 68, 28357 Bremen

3. Möglicherweise bewirbst du dich aufgrund eines Stellenangebotes in einer Zeitung. Übe dies, indem du zu einer der obigen Anzeigen eine Bewerbung auf ein DIN-A4-Blatt schreibst.

S Versuche beschreiben

Zwei Augen – ein Bild
Beide Augen liefern normalerweise nahezu den gleichen Bildausschnitt an das Gehirn. Man spricht von der Konvergenz, die Bilder decken sich.
Unter bestimmten Bedingungen aber sind die von den beiden Augen gelieferten Bilder so unterschiedlich, daß unser Gehirn ein Bild zusammensetzt, das nicht der Wirklichkeit entspricht.

Versuchsvorlage:

Versuch A: Figuren aus ca. 40 cm Entfernung betrachten – Buch langsam dem Gesicht nähern – starr auf die Figuren schauen

Versuch B: Ein Auge schließen – sonst wie Versuch A

Zeichnerische Darstellung von Versuch A:
Beide Augen „liefern" den gleichen Bildausschnitt.

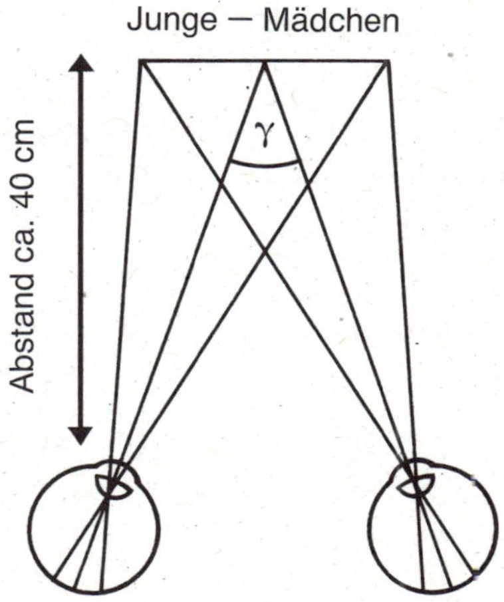

Augäpfel drehen sich nach innen, erfassen beide Figuren ganz.

Linkes Auge sieht das Mädchen nicht ganz, rechtes Auge sieht den Jungen nicht ganz.

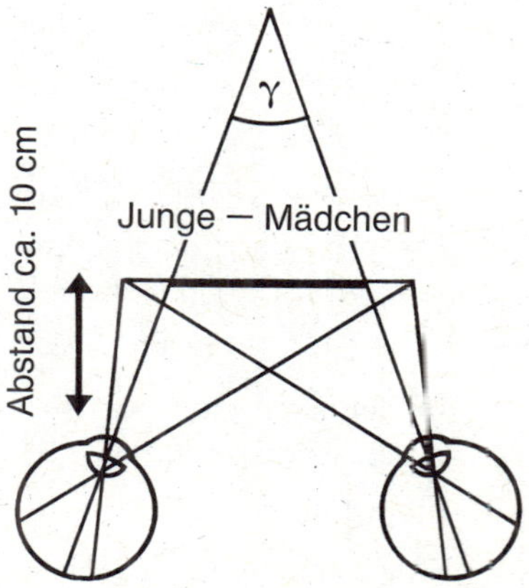

Augäpfel können sich nicht mehr weiter nach innen drehen, jedes Auge sieht nur einen Ausschnitt.

Aufgabe: Führe den Versuch durch, und beschreibe ihn gegliedert auf einem Extrablatt. Teile des Textes kannst du wörtlich übernehmen, andere mußt du ausführlicher formulieren oder ergänzen.

Vorschlag für deine Gliederung:
Problem – Versuchsvorlage – Durchführung von Versuch A und B – Beobachtungen zu A und B – Erklärungen zu A und B

S Gespräche wiedergeben (I)

Veranstaltungsplan der Schülervertretung

Klassensprecher:	Die Schülervertretung will für das laufende Schuljahr einen Veranstaltungsplan aufstellen. Dazu soll ich nach eurer Meinung fragen und Vorschläge sammeln.
Gerd:	Vergiß es, im Planen seid ihr groß. Voriges Jahr habt ihr auch Vorschläge gesammelt, und was ist daraus geworden?
Klassensprecher:	Du bist ungerecht, das waren die alten Klassensprecher, jetzt sind ganz neue in der Schülervertretung.
Gerd:	Die sind auch nicht besser!
Maria:	Sei nicht so eklig, Gerd! Sportveranstaltungen werden sie doch wenigstens zusammenbringen!
Monika:	Glaube ich auch! Doch nochmals zu Gerds Vorwürfen zurück. Du solltest den anderen Klassensprechern schon deutlich sagen, daß wir uns nicht noch einmal an der Nase herumführen lassen. Wir machen da Vorschläge, und dann? — Nichts!
Karl:	Wir haben sogar schon trainiert.
René:	Kommt darauf an, wofür? Tut doch nicht so, wird euch nichts geschadet haben.
Monika:	Egal, ihr solltet euch jedenfalls schon etwas mehr anstrengen als im vorigen Jahr.
Klassensprecher:	Okay, ich werd's ausrichten. Sagt mir lieber jetzt einige Vorschläge.
Liane:	Jede Woche eine Disco!
Alex:	Nein, reicht dir die Dampfnudeldisco im Jugendzentrum nicht?
Liane:	Du willst bestimmt wieder Fußball. Reicht dazu dein Fußballverein nicht?
Alex:	Blöder Vergleich!
Karl:	Seid friedlich! Ich schlage einen Kompromiß vor: abwechselnd eine Disco und eine Sportveranstaltung pro Monat.
Ina:	Prima, und ich bin sogar dafür, die Ferien nicht auszulassen. Viele von uns wissen da nicht, was tun.
Karl:	Du spinnst wohl!
Monika:	Kommt mir auch so vor. In den Ferien will ich keine Schule sehen!
Alex:	Abgelehnt, deine Ideen kennt man ja!
Ina:	Auf dein Gift kann ich verzichten, Alex! Ich bleibe dabei, er soll es den anderen Klassensprechern nur sagen. Vielleicht interessieren sich andere Klassen mehr für meinen Vorschlag.
Claudia:	Etwas anderes noch! Nur Disco und Sport? Ihr seid aber langweilig!
Karl:	Meine ich auch, aber verlangt nicht zu viel. Die sollen erst einmal organisieren. Wenn es klappt, können wir noch während des Jahres weitere Vorschläge einreichen.
René:	Also, ich weiß nicht.
Manfred:	Ihr kennt mich ja! Sport ist bei mir Mord, und Tanzen . . . ? Da muß man sich auch bewegen. Und dann, schaut euch um! Mit denen tanzen?
Iris:	Meinst du uns?
Manfred:	Wen denn sonst?
Monika:	Das ist doch die Höhe, tanz mit deinem Computer, der macht wenigstens, was du willst!
Manfred:	Richtig, bei dir würde er sich höchstens in einen Kurzschluß retten!
Monika:	Du willst wohl witzig sein. Du . . .
Klassensprecher:	Stop! Was soll das? Aber so ist es meistens bei euch. Ihr könnt nicht sachlich diskutieren.
René:	Ich bin grundsätzlich auch der Meinung, daß ihr mehr als Sport und Disco anbieten solltet.
Klassensprecher:	Gut, ich werde es auch sagen, daß es einigen zu einseitig ist. Habt ihr sonst noch Vorschläge? Nein? Also hören wir auf.

S Gespräche wiedergeben (II)

Stelle eine Redevorlage zusammen, mit deren Hilfe der Klassensprecher den anderen die Ergebnisse des Gespräches mitteilen kann. Gehe folgendermaßen vor:

1. Markiere wichtige Textstellen.

2. Schreibe stichwortartig heraus, was nicht vergessen werden darf.

3. Formuliere die Redevorlage nach folgender Gliederung:

Thema:

Kritik der Mitschüler:

Vorschlag:

Weitere Anregungen einzelner Schüler / -innen:

S Über Bücher schreiben (I)

— Anna war mit Elsbeth, einem Mädchen aus ihrer Klasse, auf dem Heimweg von der Schule . . .
„Da ist wieder ein Bild von dem Mann", sagte Elsbeth. „Meine kleine Schwester hat gestern auch eins gesehen und gedacht, es wäre Charlie Chaplin."
Anna betrachtete die starren Augen, den grimmigen Ausdruck. Sie sagte: „Es ist überhaupt nichts wie Charlie Chaplin, außer dem Schnurrbart."
Sie buchstabierten den Namen unter der Photographie: „Adolf Hitler."
„Er will, daß alle bei den Wahlen für ihn stimmen, und dann wird er den Juden einen Riegel vorschieben", sagte Elsbeth. —

Auszug aus: Judith Kerr, Als Hitler das rosa Kaninchen stahl, Ravensburger Buchverlag Otto Maier GmbH

Erzählt das Buch oder Teile daraus nach (**NACHERZÄHLUNG**)

Gibt eine persönliche Stellungnahme bzw. bespricht/rezensiert es (**BUCHBESPRECHUNG, REZENSION, KRITIK**)

LESER/-IN: Kann in verschiedenen Formen über ein Buch schreiben

Gibt den Inhalt wieder (**INHALTSANGABE**)

Schreibt einen Werbetext für den Buchumschlag (**KLAPPENTEXT**)

1. Diese Skizze zeigt, daß der Leser eines Buches in ganz verschiedenen „Textsorten" über das von ihm Gelesene schreiben kann.
Zu welcher Textsorte gehören die vier folgenden Texte?
Begründe deine Entscheidung.

S Über Bücher schreiben (II)

1) 1933 floh der jüdische Theaterkritiker Alfred Kerr mit seiner Familie vor den Nazis aus Berlin. Die damals zehnjährige Tochter Judith lebt noch heute in England, das damals Endstation der entbehrungsreichen Flucht war. Jetzt hat sie – in englischer Sprache, die deutsche Übersetzung ist von Annemarie Böll – ihre Erinnerungen an die schweren Jahre in der Schweiz und in Frankreich bis zur Ankunft in London veröffentlicht. Sie tat es nicht in der Form einer Autobiographie, sondern schrieb einen Jugendroman, in dessen Mittelpunkt die zunächst zehnjährige Anna steht. Wenn die Autorin über die Erlebnisse berichtet, greift sie dabei sehr wohl auf ihre eigenen Erfahrungen zurück. Andererseits schafft sie für die jugendliche Leserin und den jugendlichen Leser eine Figur, mit der sie bzw. er sich gut identifizieren kann.
Anna erfährt vieles von den Ereignissen in Deutschland durch ihre Eltern und deren Bekannte. Mit diesen Erzählungen wird der Leserin und dem Leser auf sehr anschauliche Weise ein dunkles Kapitel unserer Zeitgeschichte erschlossen. Aber auch Unterhaltung und Spaß kommen in diesem Roman nicht zu kurz, denn Anna ist ein ganz normales Mädchen, das uns an ihren vielfältigen Erlebnissen in der Familie, in der Schule und mit Freunden teilnehmen läßt.

2) „Als Hitler das rosa Kaninchen stahl" ist ein Jugendroman von Judith Kerr. Die Autorin ist die Tochter des berühmten Theaterkritikers Alfred Kerr, der als Jude 1933 mit seiner Familie aus Berlin floh. Das Buch erzählt die Geschichte dieser Flucht und das Leben der Familie in den folgenden drei Jahren.
Der Vater glaubt 1933 an einen Wahlsieg der Nazis und ahnt, was eine Herrschaft Hitlers für seine jüdische Familie bedeuten würde. Sie fliehen in die Schweiz, nach Frankreich und England. Mit der Ankunft in London endet der Roman.
Im einzelnen werden besonders die Erlebnisse der Tochter Anne geschildert, die bei Beginn der Flucht zehn Jahre alt ist. Sie muß sich in schwierige Schulverhältnisse eingewöhnen und die zunehmende Not der Eltern ertragen lernen. Der Titel des Buches bezieht sich auf ihr Lieblingsspielzeug, das sie in Berlin zurücklassen mußte.

3) Nachdem ich „Als Hitler das rosa Kaninchen stahl" gelesen habe, kann ich mir manches in Deutschland unter den Nationalsozialisten besser vorstellen. Das Buch bringt viele Erlebnisse, die Anna als Kind einer jüdischen Familie hat. Einmal, als sie noch in Berlin lebten, ließ eine Frau über Anna schöne Grüße an deren Vater ausrichten. Anna durfte vor den Leuten aber nur von einer „Verehrerin" sprechen, nicht den Namen nennen. Denn es wäre gefährlich gewesen, als Deutsche mit einem Juden bekannt zu sein, auch wenn er noch so beliebt war. Annas Vater gehörte damals zu den besten Journalisten Berlins. Die Familie floh dann vor Hitler und erlebte schlimme Notzeiten in der Schweiz und in Frankreich. Anna gewann aber vielen schwierigen Situationen heitere Seiten ab. Zum Beispiel bei der Zugfahrt von Stuttgart in die Schweiz. Sie mußte mit ihrem Bruder ständig über eine mitfahrende Schweizerin kichern, deren Dialekt ihnen höchst sonderbar vorkam. Dabei bestand ständig die Gefahr, noch vor der Grenze festgenommen zu werden.

4) Januar 1933. Eine jüdische Familie muß Berlin verlassen. Zurück bleibt, neben vielem anderen, auch das Lieblingsspielzeug des Mädchens Anna, das rosa Kaninchen. Die Flucht führt zunächst in die Schweiz. Am Zürich-See ändert sich das sorglose, geruhsame Leben, das die Familie in Berlin geführt hat. Anna und ihr Bruder Max gehen in eine Schweizer Schule, haben Schweizer Freunde, aber sie erfahren auch zum ersten Mal, was es heißt, Juden zu sein. Der Vater verdient nicht genug, um die Familie zu unterhalten. Er hofft, in Paris werde er mehr Glück haben. Aber auch dort bleiben die Kerrs nur geduldete Emigranten.

Textsorte:

1) ____________________, weil ____________________

2) ____________________, weil ____________________

3) ____________________, weil ____________________

4) ____________________, weil ____________________

S Bauanleitungen (I)

Die folgenden Zeichnungen zeigen dir, wie man mit einfachen Mitteln kleine Bilderrahmen fertigen kann. Am besten nimmst du zum Basteln ganz leichtes Balsa-Holz, wie man es auch für Modellflugzeuge verwendet.

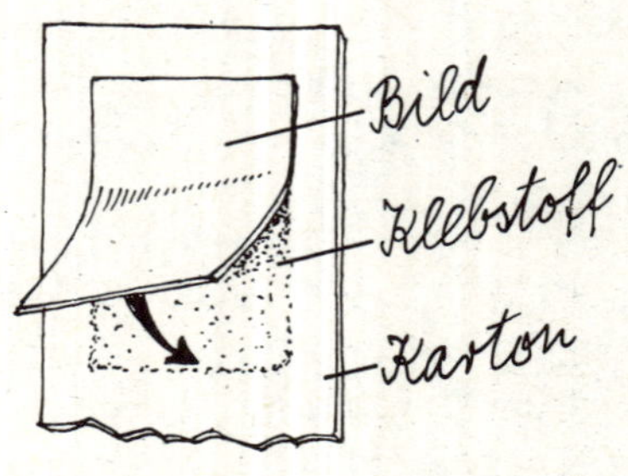

Aufkleben des Bildes

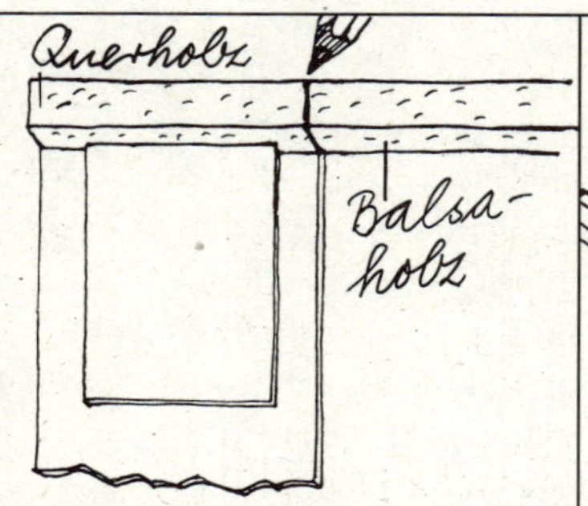

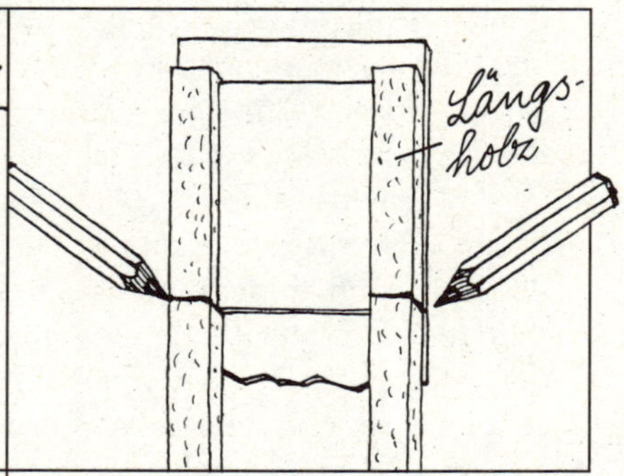

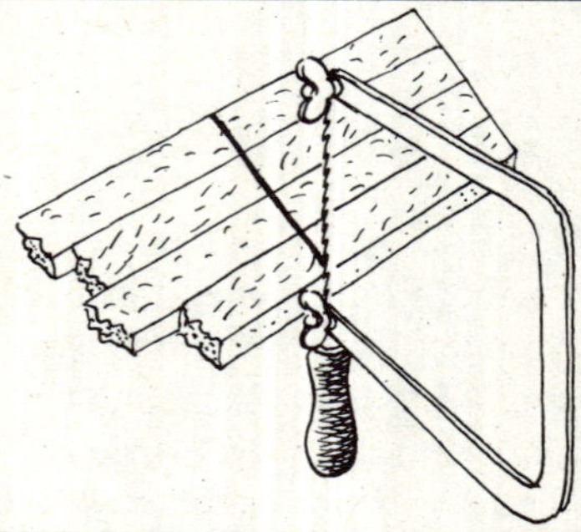

Zuschneiden

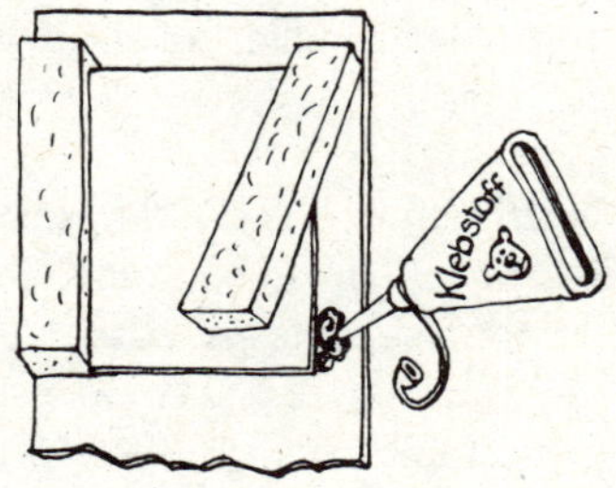

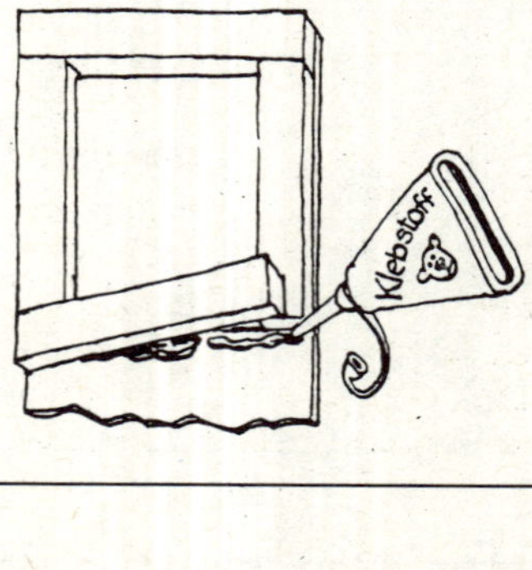

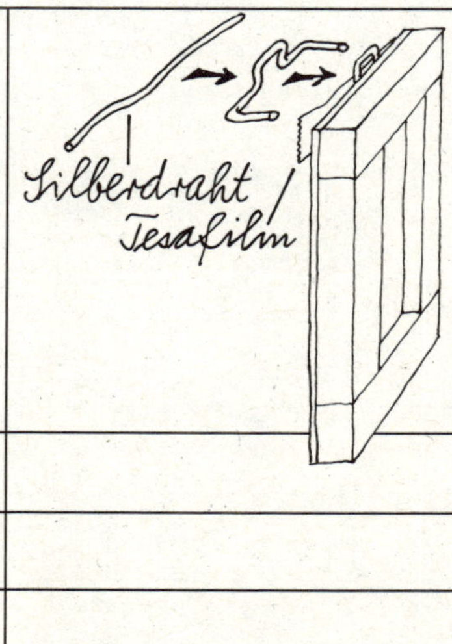

S Bauanleitungen (II)

1. Die Anleitung ist besser zu verstehen, wenn die Arbeitsschritte, die auf den Zeichnungen dargestellt sind, benannt werden.
Schreibe sie jeweils in die Zeilen unter die Zeichnungen.

2. Eine Material- und Werkzeugliste erleichtert die Bastelvorbereitungen.

Materialien	Werkzeuge

3. Schwieriger ist es, eine Bauanleitung ohne die Hilfe von Zeichnungen zu verstehen. Dabei muß alles, was man sonst auf der Zeichnung sieht, genau erklärt werden. Am einfachsten ist es noch, die Anleitung nach den Arbeitsschritten zu gliedern. Richte dich beim Schreiben nach den Zeichnungen. Man soll die Aufgaben ohne Zeichnung lösen können.

1. Schritt: Schneide einen festen Karton ungefähr zu. Da der Rahmen später auf den Karton geklebt wird, muß er ca. 4 cm länger und breiter als das Bild sein.

____

____

2. Schritt: ______________________________

____

3. Schritt: ______________________________

4. Schritt: ______________________________

____

5. Schritt: ______________________________

____

6. Schritt: ______________________________

7. Schritt: ______________________________

8. Schritt: ______________________________

____

9. Schritt: ______________________________

____

4. Welche Arbeitsschritte könnte man sprachlich leicht zusammenfassen? Versuche dies auf einem zusätzlichen Blatt.

S Inhaltsangaben schreiben (I)

Der Barbierjunge von Segringen

Man muß Gott nicht versuchen, aber auch die Menschen nicht. Denn im vorigen Spätjahr kam in dem Wirtshause zu Segringen ein Fremder von der Armee án, der einen starken Bart hatte und fast wunderlich aussah, also, daß ihm nicht recht zu trauen war. Der sagt zum Wirt, eh er etwas zu essen oder zu trinken fordert: „Habt ihr keinen Barbier im Ort, der mich rasieren kann?“ Der Wirt sagt ja und holt den Barbier. Zu dem sagt der Fremde: „Ihr sollt mir den Bart abnehmen, aber ich habe eine kitzliche Haut. Wenn Ihr mich nicht ins Gesicht schneidet, so bezahl ich Euch 4 Kronentaler. Wenn Ihr mich aber schneidet, so stech ich Euch tot. Ihr wäret nicht der erste.“ Wie der erschrockene Mann das hörte (denn der fremde Mann machte ein Gesicht, als wenn es nicht vexiert[1] wäre, und das spitzige, kalte Eisen[2] lag auf dem Tisch), so springt er fort und schickt den Gesellen.

Zu dem sagt der Herr das nämliche[3]. Wie der Gesell das nämliche hört, springt er ebenfalls fort und schickt den Lehrjungen. Der Lehrjunge läßt sich blenden von dem Geld und denkt: „Ich wag's. Geratet es, und ich schneide ihn nicht, so kann ich mir für 4 Kronentaler einen neuen Rock[4] auf die Kirchweihe[5] kaufen und einen Schnepper[6]. Gerat's nicht, so weiß ich, was ich tue“, und rasiert den Herrn. Der Herr hält ruhig still, weiß nicht, in welcher entsetzlichen Todesgefahr er ist, und der verwegene Lehrjunge spaziert ihm auch ganz kaltblütig mit dem Messer im Gesicht und um die Nase herum, als wenn's nur um einen Sechser oder im Falle eines Schnittes um ein Stücklein Zunder[7] oder Fließpapier[8] darauf zu tun wäre und nicht um 4 Kronentaler und um ein Leben, und bringt ihm glücklich den Bart aus dem Gesicht, ohne Schnitt und ohne Blut, und dachte doch, als er fertig war: Gottlob!

Als aber der Herr aufgestanden war und sich im Spiegel beschaut und abgetrocknet hatte und gibt dem Jungen die 4 Kronentaler, sagt er zu ihm: „Aber junger Mensch, wer hat dir den Mut gegeben, mich zu rasieren, so doch dein Herr und der Gesell sind fortgesprungen? Denn wenn du mich geschnitten hättest, so hätt ich dich erstochen.“ Der Lehrjunge aber bedankte sich lächelnd für das schöne Stück Geld und sagte: „Gnädiger Herr, Ihr hättet mich nicht erstochen, sondern, wenn ihr gezuckt hättet, und ich hätt Euch ins Gesicht geschnitten, so wäre ich Euch zuvorgekommen, hätt Euch augenblicklich die Gurgel abgehauen und wäre auf und davon gesprungen.“ Als der fremde Herr das hörte und an die Gefahr dachte, in der er gesessen war, ward er erst blaß vor Schrecken und Todesangst, schenkte dem Burschen noch 1 Kronentaler extra und hat seitdem zu keinem Barbier mehr gesagt: „Ich steche dich tot, wenn du mich schneidest.“

Johann Peter Hebel

1 *als ginge ihn alles nichts an;* **2** *Säbel;* **3** *dasselbe;* **4** *Jacke;* **5** *Kirmes, Jahrmarkt;* **6** *eine kleine Armbrust, Pfeil und Bogen;* **7,8** *Watte, Löschpapier*

1. Um eine Inhaltsangabe über diese Kalendergeschichte von Johann Peter Hebel schreiben zu können, mußt du zuerst einmal den Text genau kennen. Lies ihn aufmerksam durch!

2. Beim zweiten Durchlesen solltest du mit einem Stift oder einem Markierer diejenigen Stellen kennzeichnen, die inhaltlich besonders wichtig sind. Einige Vorgaben sind bereits gemacht.

3. Die ersten Sätze einer Inhaltsangabe sollten immer folgendes enthalten:
— Was für eine Art von Geschichte wiedererzählt wird;
— von wem die Geschichte stammt;
— wie der Titel der Geschichte lautet;
— worum es in der Geschichte geht.

Schreibe den Anfang auf:

S Inhaltsangaben schreiben (II)

4. Die Inhaltsangabe gibt nur den Inhalt des Textes in *Kurzform* wieder. **Verkürzen** kannst du auf zweierlei Weise:
— indem du inhaltlich Unwichtiges fortläßt;
— indem du ausführlich Erzähltes zusammenfaßt.

Zusammenfassen: das ist das größere Kunststück!

Fasse die folgenden Sätze zusammen:

Wie der erschrockene Mann das hörte (denn der fremde Herr machte ein Gesicht, als wenn es nicht vexiert wäre, und das spitzige, kalte Eisen lag auf dem Tisch), so springt er fort und schickt den Gesellen. Zu dem sagt der Herr das nämliche. Wie der Gesell das nämliche hört, springt er ebenfalls fort und schickt den Lehrjungen.

5. Wörtliche Reden, die für das spannende und anschauliche Erzählen so wichtig sind, sollten in einer nüchternen Inhaltsangabe nicht vorkommen. Was kann man mit ihnen tun?
— Du kannst sie ganz weglassen.
— Du kannst sie zusammenfassend wiedergeben, z.B. statt *„Habt ihr keinen Barbier im Ort, der mich rasieren kann?“* schreibst du: *Er forderte vom Wirt einen Barbier.*
— Du kannst sie in indirekte Reden umformen und verkürzen, z.B. *Der Fremde fragte, ob kein Barbier da sei.*

Deine Entscheidung hängt natürlich von der Wichtigkeit einer Rede ab!
Gib die folgende direkte Rede indirekt und zusammenfassend wieder:

Zu dem sagt der Fremde: „Ihr sollt mir den Bart abnehmen, aber ich habe eine kitzliche Haut. Wenn Ihr mir nicht ins Gesicht schneidet, so bezahl ich Euch 4 Kronentaler. Wenn Ihr mich aber schneidet, so stech ich Euch tot. Ihr wäret nicht der erste.“

6. Eine Inhaltsangabe beschreibt, was in einem Text steht, sie erzählt nicht. Deswegen steht sie in der **Gegenwartsform (Präsens)**. Du mußt also deine Inhaltsangabe in der Zeitform des Präsens schreiben!
Schreibe den folgenden Absatz in der Gegenwartsform, und gib ihn zugleich verkürzt wieder:

Als der fremde Herr das hörte und an die Gefahr dachte, in der er gesessen war, ward er erst blaß vor Schrecken und Todesangst, schenkte dem Burschen noch 1 Kronentaler extra und hat seitdem zu keinem Barbier mehr gesagt: „Ich steche dich tot, wenn du mich schneidest.“

S Detektivgeschichten schreiben (I)

1. Eine Kriminalgeschichte wird u. a. durch *Rückverweise, Vorausdeutungen* und *Verzögerungen* spannend gemacht. Du brauchst nur den „Arbeitstresor“ zu öffnen und die passenden Sätze in die Erzählung einzufügen, und schon ist die Kriminalgeschichte fertig.

DIE VERSUCHUNG

Es war 19 Uhr 50. Im Nachbarhaus war alles dunkel. Die Nachbarn hatten es längst in Richtung Theater verlassen. Sorgfältig überprüfte ich mein Handwerkszeug.
Genau um 20 Uhr stieg ich durch das kleine Kellerfenster der Villa; es machte beim Öffnen keine Mühe. Auch ein Geräusch entstand beim Arbeiten mit dem Glasschneider nicht. Als ich mich durch das Fenster hindurchgezwängt hatte, zog ich meinen Werkzeugkoffer ebenfalls hinein. Nun schien alles da zu sein.
Alles verlief nach Plan. Als ich die Haftladung angebracht und den Tresor aufgesprengt hatte, ertönte grell die Alarmsirene.
Schnell griff ich mir den haselnußgroßen, funkelnden Brillanten. Hastig riß ich das Fenster auf, ließ das Seil hinab, schulterte meinen Werkzeugkoffer und kletterte hinunter.
In der Ferne hörte ich schon die Polizeisirenen. Noch zwanzig Schritte, und ich war in Sicherheit, in meinem Haus.
Während die Polizei die Villa der Nachbarn inspizierte, versteckte ich den funkelnden Brillanten in meinem Kleiderschrank und schaute mir die Tagesschau an, die mein Videogerät aufgezeichnet hatte.

a) Hoffentlich geht alles gut, dachte ich.

b) Nur mit der Ruhe, ganz ruhig bleiben.

c) Ob ich das noch schaffe?

d) Hatte ich auch wirklich nichts vergessen? Ich hatte bereitgelegt: Brecheisen im Werkzeugkoffer, den Werkzeugkoffer mit Haftladung, Zunder, Seilen.

e) In Gedanken ging ich meinen Plan im Schnelldurchgang noch einmal durch:
- die Tür aufbrechen,
- in den 1. Stock eilen,
- aufpassen, daß kein vorzeitiger Alarm ausgelöst wurde,
- das Bild zur Seite schieben,
- den Tresor aufsprengen.

f) Den Alarm hatte ich eingeplant. Er war entstanden durch den Druckfühler am Tresor. Als Alibi lief mein Videogerät schon.

S Detektivgeschichten schreiben (II)

FIGAROS EINGEBUNG

500 Pfund Belohnung

Der *Evening Messenger*, jederzeit bemüht, die Sache der Gerechtigkeit zu fördern, hat die obengenannte Belohnung für Hinweise ausgesetzt, die zur Ergreifung des von der Polizei im Zusammenhang mit dem Mord an der 59jährigen Emma Strickland aus Manchester, Acacia Crescent, gesuchten William Strickland alias Bolton führen.

Steckbrief des Gesuchten

Hier die amtliche Beschreibung William Stricklands: 43 Jahre alt, 1,85 bis 1,88 groß, dunkler Teint, fülliges silbergraues Haar (könnte selbiges zwischenzeitlich gefärbt haben), voller grauer Schnurrbart und Bart (könnte selbige zwischenzeitlich abrasiert haben), hellgraue, ziemlich eng beieinanderstehende Augen, Hakennase, kräftige weiße Zähne, die er beim Lachen sehr deutlich zeigt, Goldplombe in linkem oberem Eckzahn, linker Daumennagel durch Schlag auf denselben verformt.

Spricht mit lauter Stimme; schnelle, entschiedene Art; gute Adresse.

Könnte grauen oder dunkelblauen Straßenanzug, Stehkragen (Größe 38) und weichen Filzhut tragen.

S. ist seit dem 5. d. M. flüchtig und könnte bereits das Land verlassen haben oder dieses beabsichtigen.

Mr. Budd studierte noch einmal sehr sorgfältig den Steckbrief und seufzte. Es war im höchsten Maße unwahrscheinlich, daß William Strickland von allen Londoner Frisiersalons ausgerechnet seinen kleinen, kümmerlichen Laden aufsuchen würde, um sich rasieren und die Haare schneiden zu lassen, geschweige „selbiges zu färben" selbst wenn man annahm, daß er noch in London war, und dazu sah Mr. Budd keinerlei Anlaß. [...]

Selbst mit einem Rasiermesser in der Hand würde er für einen William Strickland mit seinen einsfünfundachtzig bis einsachtundachtzig, der seine Tante so brutal erschlagen [...] hatte, kaum ein ernstzunehmender Gegner sein. Mr. Budd schüttelte betrübt den Kopf und ging zur Tür, um einen traurigen Blick zu dem florierenden Salon da drüben zu werfen — und wäre dabei fast mit einem riesenhaften Mann zusammengestoßen, der in großer Eile in seinen Laden gestürzt kam.

1. Lies den Text sorgfältig durch, und unterstreiche dir Hinweise auf den Charakter und das Aussehen des Mörders.

2. Unterstreiche in einer anderen Farbe Hinweise, wie diese Kriminalgeschichte weitergehen kann.

3. Setze den Text fort. Bedenke dabei:
- Wer kommt in den Laden gestürzt?
- Was will der Mann? Welche Wünsche äußert er?
- Wer ist er?
- Was kann der Friseur tun?
- Was bedeutet die Überschrift (für deinen fortzusetzenden Text)?

4. Versuche, Spannung sprachlich zu erzeugen durch:
- Einwortsätze
- Ausrufe
- wörtliche Rede
- Tempus- und Perspektivenwechsel
- kurze Hauptsätze
- Gedankenrede
- Vergleiche
- Vorausdeutung
- Rückverweise

G Sprachübungen (I) – Die Präpositionen und die Fälle

Präpositionen können mit dem Genitiv (2. Fall: *außerhalb des Schulhofes*), mit dem Dativ (3. Fall: *bei dem Hausmeister*) oder mit dem Akkusativ (4. Fall: *für ihren Freund*) stehen.

1. Die folgenden Präpositionen werden sehr häufig verwendet. Trage sie mit einem entsprechenden Nomen in die Tabelle ein. (In jede Spalte gehören fünf Präpositionen!)

aus, bei, durch, entlang, für, gegen, jenseits, mit, ohne, seit, trotz, um ... herum, während, wegen, zu

Genitiv (2. Fall)	**Dativ** (3. Fall)	**Akkusativ** (4. Fall)
entlang des Baches		

2. Verwende die folgenden Ausdrücke mit den Präpositionen *jenseits, während, seit, neben, gegen* in ganzen Sätzen.

der breite Strom – das schlechte Wetter – der dicke Baum – der vorige Sonntag – der hohe Zaun

Beispiel: Das Dorf lag jenseits des breiten Stromes ...

3. Verbinde die folgenden Präpositionen jeweils mit einem dazu passenden Ausdruck im rechten Kasten. Bilde anschließend einige Sätze, z.B.: *Die Katze sitzt neben dem Ofen.*

hinter	neben	seit
gegenüber	ohne	auf
aufgrund		außerhalb

→

... der Leiter	... dem Sofa	... der Kirche
... dem Ofen	... des Spielfeldes	... ihrer Erfolge
... seine Erlaubnis		... mehreren Wochen

G Sprachübungen (II) – Die Präpositionen und die Fälle

Eine Reihe von Präpositionen kann mit dem Dativ (3. Fall) und dem Akkusativ (4. Fall) stehen. Dabei gilt: Wenn sich etwas an einer Stelle befindet, dann steht der Dativ (*Sie befindet sich in dem Zimmer*); wenn sich aber etwas auf eine Stelle zubewegt, dann steht der Akkusativ (*Sie läuft in das Zimmer*).

an, auf, hinter, in, neben, über, unter, vor, zwischen	→	*steht – stellt – legt sich – liegt – springt – setzt sich – sitzt*	→	*Teppich – Fernseher – Zaun – Eimer – Stuhl*

1. Bilde mit den Wörtern aus den drei Kästen einige Sätze wie: *Sie steht an dem Zaun.*

Dativ: ______________________________

____

____

____

____

Akkusativ: ______________________________

____

____

____

____

Eine große Anzahl von Präpositionen steht mit dem Genitiv (2. Fall: *innerhalb eines Tages*). Der richtige Gebrauch dieser Präpositionen fällt vielen Menschen schwer.

außerhalb, diesseits, inmitten, innerhalb, statt, trotz, während, wegen

2. Verwende diese Präpositionen in Sätzen.

____

____

____

____

____

____

____

____

____

____

____

G Sprachübungen (III) – Die Präpositionen und die Fälle

Zäune

Kaum ein Mensch kommt ohne ____________ Zaun aus. Außerhalb ____________ Zaun ____ sind andere Menschen, innerhalb ____________ Zaun ____ sind wir selbst und fühlen uns dort zu Hause.

Nun gibt es trotz ____________ schön ____ Zaunes viele Möglichkeiten, mit ____________ Zaun fertig zu werden:

Man kann über ____________ niedrig ____ Zaun klettern;

man kann unter ____________ hoh ____ Zaun hindurchkrabbeln;

man kann auf ____________ breit ____ Zaun entlanglaufen und dann jenseits ____________ Zaun ____ hinunterspringen;

man kann auch um ____________ lang ____ Zaun herumlaufen oder an ____________ Zaun entlanglaufen, bis man das Ende findet;

manchmal findet man ja auch in ____________ Zaun sogar eine Tür!

Man kann zwischen ________ Latten eines Zaunes hindurchkriechen; man kann wegen ____________ zu mächtig ____ Zaun ____ verzweifeln oder vor Wut auch gegen ____________ morsch ____ Zaun treten, bis er umfällt und dann über ____________ umgekippt ____ Zaun stolz hinwegschreiten. Natürlich kann man sich auch einfach an ____________ Zaun stellen und an ____________ Zaun stehenbleiben und mit ____________ Nachbarn sprechen oder trotz ____________ Zaun ____ einfach gar nichts tun.

Doch das ist die langweiligste aller Möglichkeiten mit ____________ Zaun!

1. Setze in die Textlücken den bestimmten oder unbestimmten Artikel (*der, ein*) und die Endungen ein. Achte auf den richtigen Fall!

2. Welche Präpositionen fehlen in folgenden Sätzen?

während, außer, ohne, gegen, innerhalb

____________ des Essens hört sie gern Musik.

____________ der nächsten Woche wird er nach Italien fliegen.

____________ seinen Willen wurde er zum Spielführer gewählt.

____________ ihren Kindern kamen auch alle ihre Freunde zum Geburtstag.

____________ mein Wissen wurde der Termin verschoben.

G Sprachübungen (IV) – *das* oder *daß*?

1. In die folgenden Sätze aus Schulaufsätzen mußt du immer die Konjunktion (Bindewort) *daß* einsetzen – bis auf eine Ausnahme. In einen der zehn Sätze gehört das Pronomen (Fürwort) *das*!

1 Die Lehrerin sprach ins Mikrophon, __________ alle Kinder das Becken verlassen sollten.

2 Ich finde es blöd, __________ manche Schüler lachen, wenn jemand eine Fünf geschrieben hat.

3 Wir sagten unserem Klassensprecher, __________ er sich beschweren solle.

4 Bei der Diskussion stellte sich heraus, __________ wir zu wenig über die Indianer wußten.

5 Wie kommt es, __________ du jetzt immer so gute Noten schreibst?

6 Ich konnte mir nicht vorstellen, wie __________ passiert ist.

7 Melanie war froh, __________ ihr die Überraschung gelungen ist.

8 Mein Vater sagte mir, __________ wir das Rehkitz nicht mitnehmen dürften.

9 Wir waren so wütend auf ihn, __________ wir ihn mit Schnee eingeseift haben.

10 Sie dankte allen dafür, __________ sie so nett zu ihr gewesen sind.

2. In den folgenden Zeitungstext muß fünfmal ein *daß* und zweimal ein *das* eingesetzt werden:

Prügelei nach Schulschluß

Eine 12jährige Schülerin hatte sich nach Schulschluß bei einer Rauferei auf einem Spielplatz in der Nähe der Schule verletzt. Gewöhnlich wurde 1______ auswärts wohnende Mädchen von seiner Mutter mit dem Auto abgeholt. An diesem Tag war jedoch wegen Unterrichtsausfall der Schulunterricht vorzeitig beeendet. Das Mädchen ging auf den Spielplatz, um auf die Mutter zu warten. Dort kam es zu einer Rauferei mit anderen Schülern. Dabei erlitt die Schülerin so starke Verletzungen, 2______ hohe Arztkosten anfielen. Die Unfallversicherung vertrat die Ansicht, 3______ sie für die Verletzungen nicht aufzukommen habe und 4______ es sich nicht um einen "Arbeitsunfall" des Mädchens gehandelt habe.

Dieser Fall ging durch mehrere Gerichte bis zum Bundessozialgericht, 5______ in der getroffenen Entscheidung feststellte, 6______ bei der Beurteilung des Unfallversicherungsschutzes der Schulkinder auch das Alter und der allgemeine Spieltrieb berücksichtigt werden müssen. Aus diesem Grunde wurde der Unfallversicherung auferlegt, 7______ sie für die Verletzungen der Schülerin aufzukommen habe.

3. An einer Stelle im Text kannst du in die Lücke *welches* einsetzen, an einer anderen Stelle kannst du *dieses* einsetzen. Setze die Ziffern in die Kreise, und schreibe die Sätze auf. Verwende dabei *dieses* oder *welches*.

◯ ____

◯ ____

G Sprachübungen (V) – *das* oder *daß*?

In über 500 Schüleraufsätzen ist ausgezählt worden, wie viele Male die Konjunktion *daß* falsch geschrieben worden ist. Ergebnis: von 100 *daß* wurden 56 mit einfachem "s" geschrieben. Das Auffälligste dabei war, daß die meisten Nebensätze mit *daß* nach Hauptsätzen stehen, in denen eine bestimmte Gruppe von Verben immer wieder vorkommt. Besonders häufig schrieben die Schüler die *daß*-Sätze falsch, wenn folgende Verben vorausgegangen waren:

sagt, ist, meint, erwidert, antwortet, weiß, denkt, erklärt, stellt fest, findet, erzählt, äußert, erkennt, erfährt, merkt, glaubt, behauptet, hofft

Und das ist das typische Muster solcher Sätze:

Melanie findet, daß ihre Freundin gut aussieht.

Komma ↑ — Konjunktion ↑ — Verb am Schluß ↑

HAUPTSATZ | NEBENSATZ

1. Bilde Sätze, indem du verschiedene dieser Verben verwendest. Achte auf das *daß* und auf das Komma vor *daß*!

2. Häufig werden auch Sätze falsch geschrieben, in denen ein *so . . ., daß* vorkommt:
Sie freute sich so sehr, daß sie gar nichts sagen konnte.
Bilde Sätze mit folgenden Ausdrücken: *so groß, so laut, so schön, so stark, so furchtbar, so unangenehm, so sehr, so viel, so dick, so schwach, daß . . .*

G Sprachübungen (VI) – Durch Umstellen der Satzglieder Texte verbessern

1. Der folgende Text aus einem Tierlexikon ist stark verändert worden, und zwar sind in den einzelnen Sätzen die Satzglieder so umgestellt, daß der Text ziemlich "verkrampft" wirkt. – Bringe die Satzglieder der einzelnen Sätze in eine gut lesbare Reihenfolge.

a) In unseren Wäldern gehören die Hirschkäfer heute zu den Seltenheiten. b) Matt schwarzbraun ist ihre Färbung. c) Geweihartige Oberkiefer besitzen die Männchen. d) Eine wichtige Rolle spielen bei ihren Kämpfen diese "Geweihe". e) In Eichenwäldern leben Hirschkäfer. f) Sie lecken dort den gärenden Saft der Bäume. g) Die Hirschkäfer sind in Deutschland fast ausgestorben. h) Unter Naturschutz hat man sie deswegen gestellt.

a) Die Hirschkäfer gehören in unseren Wäldern heute zu den Seltenheiten.
b)
c)
d)
e)
f)
g)
h)

2. Auch der folgende Text aus einer Zeitung ist schwer lesbar. Bring ihn in eine besser lesbare Form, indem du in einzelnen Sätzen Satzglieder umstellst.

a) Zum Großbrandstifter ist eine Katze in Tokio am Mittwoch geworden. b) Auf seinen Besitzer war das Tier zugesprungen, c) als dieser das Feuer gerade im Ofen entfachen wollte. d) Feuer fing dabei ihr seidenes Halsband. e) An einen Vorhang geriet sie. f) In hellen Flammen ging der auf.

a)
b)
c)
d)
e)
f)

3. Verbessere den folgenden Text, indem du durch Ziffern die Reihenfolge einiger Satzglieder änderst.

[3] Die Jagd auf den Wal | [2] war | [1] im vorigen Jahrhundert | [4] noch ein großes Wagnis. Die riesigen Meeressäuger zertrümmerten manchmal Teile des Fangschiffs, bis das leckgeschlagene Wrack versank. Die Jäger und der gejagte Wal hatten gleiche Chancen. Man konnte die Kolosse mit den riesigen Schwanzflossen nur mit viel Erfahrung aufspüren. Man mußte sie dann mit der Harpune erlegen, wenn man sie gefunden hatte. Man begann den Walfang um die Jahrhundertmitte langsam zu stoppen. Die Jagd geht aber bis heute weiter. Die meisten Walarten werden bald ausgerottet sein.

G Attribute (I)

1. In dem folgenden Text sind insgesamt 13 Attribute (Adjektiv- und Genitivattribute) enthalten. Suche sie aus dem Text heraus, und ordne sie in die richtige Spalte ein. Schreibe auch das Nomen auf, dem das Attribut beigefügt ist, und unterstreiche das Attribut.

Diamanten sind die härtesten Edelsteine der Erde. Das Gewicht der Diamanten wird nach Karat bestimmt. Die reinen Steine werden im Schmuckgewerbe zu glitzernden Brillanten geschliffen; diese schmücken auch Kronen und Szepter der Könige. Die unreinen Diamanten verwendet die Industrie zum Bearbeiten der Werkstoffe. Heute lassen sich auch billigere Industriediamanten durch künstliche Herstellung gewinnen. Dabei wird reines Graphit unter einem hohen Druck zusammengepreßt. Der Verbrauch der Industriediamanten steigt ständig.

Adjektiv als Attribut Attribut → Nomen	Genitiv-Attribut Nomen ← Attribut
die härtesten Edelsteine	Edelsteine der Erde

2. In jedem Satz des folgenden Textes findest du ein präpositionales Attribut. Schreibe den Text ab, und unterstreiche die präpositionalen Attribute.

Die Männer waren vom Glauben an einen Goldschatz besessen. Sie träumten schon den Traum vom großen Reichtum. Mit vielen Maultieren machten sie sich auf die Suche nach dem Schatz. Würden die Männer den Ritt durch die Wüste wagen? Welche Gefahren lauerten auf dem Weg durch das Indianerland? Würden sie die Furcht vor Überfällen überwinden?

(Glauben) an einen Goldschatz

G Attribute (II)

1. Bei der Bestimmung der Attribute macht vor allem das Erkennen des präpositionalen Attributes Mühe, weil es oft mit dem Satzglied Adverbiale verwechselt wird, bei dem auch eine Präposition stehen kann.

1.

Die Polizei überwachte im Hubschrauber den Stau **auf der Autobahn**.

2.

Die Fahrzeuge kamen **auf der Autobahn** nur im Schrittempo vorwärts.

a) Mache in beiden Sätzen die Umstellprobe, und stelle fest, in welchem Satz **auf der Autobahn** allein umstellbar ist (= Adverbiale in Satz ______).

b) Im anderen Satz ist **auf der Autobahn** Beifügung zu einem Nomen und nicht ohne dieses umstellbar (= präpositionales Attribut in Satz ______).

2. Entscheide in den folgenden Satzpaaren, welche der fettgedruckten Teile präpositionale Attribute (1.) und welche Adverbiale (2.) sind. Trage die entsprechenden Zahlen hinter den Sätzen ein.

Der Käse **aus Holland** schmeckte uns sehr gut. ☐
Wir nahmen vorsichtig das Netz **aus dem Wasser**. ☐

An die Fahrt **auf der Weser** erinnere ich mich noch gut. ☐
Sigrid mußte **auf dem Bahnsteig** noch lange warten. ☐

Wir konnten **mit dem Fernglas** jede Einzelheit erkennen. ☐
Peter suchte den Mann **mit dem Köfferchen** vergebens. ☐

Das Kind blieb **am Straßenrand** plötzlich stehen. ☐
Rasch hatten die Kinder die Tüte **mit den Nüssen** gefunden. ☐

Der Ball blieb **über unseren Köpfen** im Baum hängen. ☐
Auf seinem Flug **über die Alpen** geriet er in schlechtes Wetter. ☐

3. Der folgende Satz ist doppeldeutig. Forme ihn so um, daß die beiden Bedeutungen jeweils gut zum Ausdruck kommen. Trage zu ① die Bedeutung ein, die der Satz bekommt, wenn „von Angelika" ein Attribut zu „Brief" ist.

Peter hat den Brief [von Angelika] bekommen.

① ____________________

② ____________________

G Attribute (III)

1. Unterstreiche im folgenden Text die Attribute (Adjektiv-Attribute, Genitiv-Attribute, präpositionale Attribute), und stelle mit Pfeilen die Beziehungen her. Die Nomen in Klammern brauchst du nicht zu beachten.

Taucher

Taucht der Mensch längere Zeit im Wasser unter, so muß er mit Sauerstoff versorgt werden. Das primitivste Atemgerät des Tauchers ist ein Rohr aus Kunststoff (Schnorchel), das aus dem Wasser ragt. In größeren Tiefen jedoch braucht der Taucher ein Gerät, das ihm ohne Verbindung mit der Luft Sauerstoff zuführt. Das Sauerstoffgerät wird auf den Rücken des Tauchers geschnallt und durch einen biegsamen Schlauch mit dem Taucherhelm verbunden. Es gibt auch schwere Taucheranzüge aus Stahl; sie schützen den Taucher in größeren Tiefen gegen den gewaltigen Druck des Wassers. Den notwendigen Sauerstoff erhält er von der Wasseroberfläche durch ein Kabel. Schließlich arbeiten Menschen häufig in stählernen Senkkästen (Taucherglocken); sie tauchen auch in Kugeln mit starker Panzerung in die dunkle Tiefe der Ozeane herab.

2. Du kannst die Attribute einteilen in solche, ① die absolut notwendig sind, ② die wichtige Informationen enthalten, aber weglaßbar sind, und ③ die nur eine ausschmückende Aufgabe haben. Schreibe je drei Beispiele mit den dazugehörigen Nomen auf.

①	②	③
längere Zeit		

3. Schreibe die beiden Relativsätze aus dem Text heraus. Bestimme und unterstreiche in den Sätzen das Einleitewort und die Personalform des Verbs.

4. Unterstreiche im folgenden Text die Attribute. Stelle auch hier durch Pfeile die Verbindung zum Bezugswort her.

Die Autobahn mußte wegen starken Nebels gesperrt werden.

Gestern fand die Wahl des Präsidenten statt.

Sie hörten dem Vortrag mit großem Interesse zu.

Die verdorbenen Lebensmittel werden aussortiert.

G Wortbildung (I)

1. Zusammengesetzte Wörter sind meist aus Wörtern verschiedener Wortarten gebildet. Ordne die folgenden Zusammensetzungen in die richtigen Spalten ein.

Badetuch, Hinspiel, Zahnbürste, Lesestunde, Tieflader, Ballspiel, Rasenfläche, Zwischenspurt, Hochsprung, Gegenwind, Hängebrücke, Nadelholz, Turnhalle, Schneidezahn, Vorhand, Trockenraum, Mülleimer, Steilküste, Hörspiel, Unterstand, Nachwort, Ferienjob, Leichtathlet, Klebeband, Schwermetall, Breitreifen, Autobahn, Überblick, Zeigefinger, Eiszeit, Schnellimbiß, Nebenfluß

Nomen + Nomen	Verb + Nomen	Adjektiv + Nomen	Präposition/ Adverb + Nomen
Zahnbürste			

2. Umschreibe die Bedeutungen folgender Zusammensetzungen. Vergleiche die Umschreibungen der zusammengesetzten Wörter, die mit dem gleichen Grundwort gebildet sind.

Papiergeld: Geld, das aus Papier hergestellt ist.

Spielgeld: ______

Handtasche: ______

Ledertasche: ______

Gänsebraten: ______

Spießbraten: ______

Handball: ______

Wasserball: ______

Waldlauf: ______

Hürdenlauf: ______

Hauskauf: ______

Ratenkauf: ______

Küchenschrank: ______

Kleiderschrank: ______

G Wortbildung (II)

1. Bilde zusammengesetzte Wörter, indem du nach dem vorgegebenen Muster Wörter in die frei gebliebenen Rahmen einträgst.

Rock	+	Konzert	=	Rockkonzert
Jazz				Jazzkonzert
Straßen	+	Bahn	=	Straßenbahn
	+	Fete	=	
Buch	+		=	
	+	Plan	=	
Ferien	+		=	
	+	Zimmer	=	

2. Die folgenden Zusammensetzungen sind alle aus drei Wörtern gebildet.

a) Welche Bestandteile sind in diesen Zusammensetzungen Grundwörter, welche sind Bestimmungswörter? Unterstreiche Grund- und Bestimmungswörter mit verschiedenen Farben.

Radweltmeister, Straßenverkehrsordnung, Kamillenblütentee, Kohlenbergbau, Luftseilbahn, Personenschiffahrt, Haustürschlüssel, Tankstellenpächter, Autohaftpflicht, Nasenbeinbruch, Luftdruckbremse, Modelleisenbahn

b) Einer der beiden Bestandteile kann noch einmal in ein Grund- und ein Bestimmungswort unterteilt werden. Welche der zusammengesetzten Wörter sind wie „Radweltmeister", welche sind wie „Straßenverkehrsordnung" gebildet? Trage die zusammengesetzten Wörter in die richtige Spalte ein.

Radweltmeister Rad — Weltmeister Welt — Meister	Straßenverkehrsordnung Straßenverkehr — Ordnung Straßen — Verkehr

G Wortbildung (III)

1. Bilde mit den Wortstämmen *bind*, *band* und *bund* abgeleitete Wörter, indem du Vor- oder Nachsilben ergänzt. Denke daran, daß *band* und *bund* auch mit Umlaut auftreten können (z.B. *Bände*, *bündig*). Wenn dir Wortbildungssilben fehlen — hier sind einige: *ge-, zu-, un-, an-, -nis, -chen, -e, -ung, -lich, -el.*

	bind	
ver	bind	en
	bind	
	bind	
	bind	
	bind	
	bind	

	band	
Ver	band	
	band	
	band	
	band	
	band	
	band	

	bund	
	bund	
	bund	
	bund	
	bund	
	bund	
	bund	

2. Umschreibe die Bedeutung der Wörter mit den Nachsilben *-bar, -er, -isch* und *-los*.

sichtbar etwas, das man sehen kann

hörbar ______

zerlegbar ______

Fußballer jemand, der Fußball spielt

Schornsteinfeger ______

Lehrer ______

kindisch ______

angeberisch ______

spitzbübisch ______

sorglos ______

gefühllos ______

erfolglos ______

3. Nicht alle Wörter auf *-bar* und *-isch* können so umschrieben werden wie die Wörter in der Aufgabe **2**. Welche Bedeutung haben die Wörter *dankbar, kostbar, modisch* und *telefonisch*?

dankbar ______

kostbar ______

modisch ______

telefonisch ______

G Neue Wörter bilden

1. Gib für einige Produktnamen an, für welche Produktart sie stehen. (Manchmal kann ein Name auch für mehrere Produktarten stehen.)

Produktname:	Produktart:	Produktname:	Produktart:
Ajax	____________	Diplomat	____________
Aspirin	____________	Dorahm	____________
blankin	____________	Eterna-Matic	____________
Blend-a-med	____________	Inka	____________
Brockhaus	____________	Lavamat	____________
Commodore	____________	seiblank	____________
cosilind	____________	Sir	____________
Diolen	____________	Weißer Riese	____________

2. Wörter wie Commodore und Diplomat bezeichnen etwas Besonderes, Hochrangiges. Warum macht sich die Werbung das zunutze?

____

____

3. Erfinde selbst einen oder mehrere Produktnamen für

Antipickelpräparate ____________________

Beruhigungsmittel ____________________

Fernsehgeräte ____________________

Füllhalter ____________________

Fruchtsaftgetränke ____________________

Rundfunkprogrammzeitschriften ____________________

4. Wofür wird mit den folgenden Wortneubildungen geworben, und auf welche Ausdrücke spielen sie an?

Wortneubildung aus der Werbung	Bereich der Werbung	Ausdruck, auf den sich die Neubildung bezieht
Kommen Sie zum *Käferstündchen.* Ihr VW-Händler erwartet Sie.	Auto (VW-Käfer)	Schäferstündchen
Unverhofft kommt *soft.*	Schokolade / Eis	
Nach *Meereslust* essen. Im Fisch ist Vielfalt.		
Das ist *museenswert.*		
Säen Sie sich das an!		
Wie apfeltitlich!		
Wir sind *schuh-verlässig.*		
Fit sein ist *butterleicht.*		

G Satzgefüge und Zeichensetzung (I)

Nebensätze mit Konjunktionen

1. Setze in den folgenden Sätzen die Kommas richtig ein. Unterstreiche die Gliedsätze.

Du weißt doch daß ich dich mag. – Früher meinte man daß sich die Sonne um die Erde dreht. – Klaus entscheidet morgen ob er sich ein neues Auto kauft. – Daß du so schnell gekommen bist freut uns alle. – Ich fürchte daß er gelogen hat. – Ob sich der Nebel lichtet wird man sehen. – Du weißt daß ich auf dein Angebot sehr neugierig bin. – Wenn du viel fragst bekommst du viele Antworten. – Peter überlegt noch ob er seinem Freund das Zelt für den Urlaub leihen soll. – Nicht schlecht daß wir bald Ferien haben. Arnos Freund überlegt noch ob er ihn in diesem Fall unterstützen soll. – Er ist traurig weil seine Freundin allein verreist. – Warum sagst du mir nicht daß du Hilfe brauchst? – Der Mann mag seinen Hund gern obwohl er ihn schon gebissen hat. – Obwohl mein Arzt es mir verboten hat esse ich gerne Kuchen. – Er hat das Rauchen aufgegeben damit er wieder gesund wird. – Obwohl es gerade regnet scheint gleichzeitig die Sonne. – Ich freue mich darüber daß du mich besucht hast.

2. Setze in den folgenden Text die richtigen Konjunktionen ein. Vergiß die Kommas nicht! (Es sind zwölf.)

Doppeltes Pech

Erst mußten wir ________________ meine Mutter etwas vergessen hatte unten auf der Straße warten. Dann fuhr der Bus uns gerade ________________ wir die Haltestelle erreichten vor der Nase weg. Zufällig kam ________________ wir schon alle Hoffnung aufgegeben hatten ein Taxi. In der Innenstadt aber herrschte ________________ gerade Schlußverkauf war ein dichter Verkehr. So mußte das Taxi ________________ es viele Staus gab öfter anhalten. Unser Zug war ________________ wir den Bahnsteig erreichten gerade abgefahren.

3. In dem folgenden Text fehlen die Konjunktionen, Relativpronomen und Kommas. Setze sie ein. Es sind die Wörter: *nachdem, obwohl, wenn, daß, wenn, wie, so daß, daß, da, weil.* Achtung: Es fehlen acht Kommas.

Barfußgänger

Kalte Füße kennt der Norweger Magne Stoeylen nicht ________________ er seit 1973 barfuß läuft. Er sagt von sich selbst ________________ er in all den Jahren noch nicht einmal erkältet gewesen sei. ________________ er gefragt wurde ________________ er denn auf diesen „Tick" gekommen sei, antwortete Magne: „Irgendwann habe ich gemerkt ________________ ich barfuß besser Auto fahren kann ________________ ich meine Strümpfe und Schuhe an den Nagel hängte." Jeder in seinem Dorf kennt Magne Stoeylen ________________ er auch zur Arbeit stets barfuß geht. Nur zu gesellschaftlichen Anlässen zieht er schon einmal Schuhe an. Auf Strümpfe aber ________________ er sie nicht ausstehen kann, verzichtet er immer. „________________ mal einer ganz irritiert guckt, dann kann es nur ein Tourist sein." Im Winter allerdings zieht Magne gelegentlich Sandalen an – aber erst ________________ das Thermometer unter minus 15 Grad gesunken ist.

G Satzgefüge und Zeichensetzung (II)

Nebensätze mit Konjunktionen

1. Setze die Teilsätze im linken mit den Sätzen im rechten Teil des Kastens zu Satzgefügen zusammen. Dabei können auch witzige Sätze entstehen. Achte auf die Konjunktionen und die Kommasetzung.

Der Inspektor überlegte	Der Zug fährt mit Verspätung ab.
Der Schiedsrichter vergaß	Wie konnte der Unfall passieren?
Peter erwartet schon mit Ungeduld	Hatte er das Alibi schon überprüft?
Der verunglückte Fahrer fragte sich	Er mußte das Spiel abpfeifen.
Durch Lautsprecher wird bekanntgegeben	Hatte er die Antwort bereits gegeben?
Der Zeuge überlegte lange	Sein Freund kommt zu Besuch.

1. Der Inspektor überlegte, ob

2.

3.

4.

5.

6.

2. Suche im folgenden Text die Haupt- und Gliedsätze heraus. Unterstreiche sie mit jeweils verschiedenen Farben.

Theater

Daß Spiel und Unterhaltung zu den grundlegenden menschlichen Bedürfnissen gehören, wird heute niemand mehr bestreiten wollen. Das europäische Theater hat seine Ursprünge in den griechischen Kultspielen, die in halbkreisförmigen Freilichttheatern zu Ehren des Gottes Dionysos veranstaltet wurden. Wie diese Theater gebaut waren, kann man heute noch an vielen Orten Griechenlands sehen. Die Fläche, auf der der Chor sang und tanzte, lag in der Mitte des halbkreisförmigen Freilichttheaters und wurde Orchestra genannt. Die Sprecher und später die Schauspieler traten auf einem dahinterliegenden Raum, den man Skene nannte, auf. Aus diesen Bezeichnungen erklärt sich, daß wir heute Musiker unter der Leitung eines Dirigenten als Orchester bezeichnen. Was für die Zuschauer in einem Schauspielhaus von der Bühne sichtbar ist, wird heute Szene genannt. So heißt auch der kleinste Abschnitt eines Schauspiels.

13/2

G Satzgefüge und Zeichensetzung (III)

Der erweiterte Infinitiv mit *zu*

1. Von den beiden folgenden Sätzen besteht der erste aus einem Hauptsatz, der zweite aus einem Hauptsatz + Infinitivsatz.

1 Der Kunde war bereit zu bezahlen.	**2** Der Mann bestand darauf, die Ware zu probieren.

a) Unterstreiche im ersten Satz den Infinitiv, im zweiten Satz den Infinitiv und seine Erweiterung.
b) Erweitere den Infinitiv **1** zu einem Infinitivsatz:

____

die Ansicht vertreten

beschließen

entscheiden

der Meinung sein

An der Türseite wird ein großes Korkbrett angebracht.
Alle Schüler planen die Wanderwoche gemeinsam.
Die Klassenbücherei soll erweitert werden.
Der Schulträger wird um Renovierung des Klassenraums gebeten.

2. a) Schließe die Sätze mit einem Infinitivsatz an, indem du im Hauptsatz eines der angebotenen Verben verwendest.
b) Schreibe noch weitere Beispielsätze mit anderen Verben dazu.

____

____

____

____

____

____

____

____

____

____

3. Unterstreiche in den folgenden Sätzen den einfachen Infinitiv und die Erweiterung des Infinitivs. Setze die Kommas richtig ein.

Die Klasse benötigte viel Zeit um alle Punkte der Tagesordnung zu beraten. Auf Verzögerungen brauchte man nicht lange zu warten. Einige Mitschüler versuchten immer wieder über längst abgeschlossene Themen zu reden. Andere bemühten sich eifrig darum ihre eigenen Vorstellungen bei ihren Klassenkameraden durchzusetzen. Einige Mitschüler fingen schon an zu schimpfen. Der Diskussionsleiter hatte alle Hände voll zu tun um einige Hitzköpfe zu beruhigen. Schließlich schaffte die Klasse es doch sich auf einige Vorschläge zu einigen.

G Satzgefüge und Zeichensetzung (IV)

Relativsätze

Mit den folgenden Sätzen stimmt etwas nicht! Stelle die Relativsätze so um, daß das Satzgefüge einen richtigen Sinn bekommt. Denke daran, daß eingeschobene Relativsätze durch **zwei** Kommas abgetrennt werden!

a Unsere schwarze Katze fing eine Maus, die immer ein kleines Glöckchen um den Hals trägt.

b Der Reiter sprang mit seinem Hengst über einen Graben, der einen schönen weißen Fleck auf der Stirn trägt.

c Meinen Hof muß ich ganz allein mit meinem Sohn bearbeiten, der vierzig Hektar groß ist.

d Der Telefonapparat stand auf dem Schreibtisch, der unentwegt klingelte.

e Der Junge spielte mit dem Ball, der unaufmerksam über die Straße lief.

f In diesem Augenblick kam in die Klasse unsere Lehrerin hereingeplatzt, die ziemlich chaotisch aussah.

g Die Kerze stand auf einem schönen Kerzenständer in unserer Wohnung, die allmählich niederbrannte.

G Bildhafte Ausdrücke (Metaphern) (I)

1. Suche geläufige bildhafte Ausdrücke für Fahrzeuge wie Fahrrrad, Motorrad, Lastwagen usw. Gib an, was mit der Bezeichnung gemeint ist.

Bezeichnung	**Was wird mit ihr zum Ausdruck gebracht?**
Drahtesel:	
Feuerstuhl:	
heißer Ofen:	
Brummi:	

2. Bilde aus den Wörtern des Kastens (a) und denen des Kastens (b) zusammengesetzte Wörter. Unterstreiche diejenigen, die eine bildhafte Bedeutung haben, und umschreibe deren Bedeutung. (Schlage gegebenenfalls im Lexikon nach.)

a)

Schwarz
Weiß
Augen
Ohr

b)

Macher, Fisch, Fahrer, Glut, Arbeiter, Blick, Weide, Wischerei, Feige, Trompete, Seher, Wurm

z.B.: Schwarz-Arbeiter

Schwarzarbeiter = jemand, der illegal arbeitet

G Bildhafte Ausdrücke (Metaphern) (II)

3. Wie lauten die bildhaften Zwillingsformeln richtig? Unterhaltet euch anschließend über die Bedeutung. Schaut euch dazu die Lexikonauszüge an.

Mit Sack und Tat ______________________

In Bausch und Braus ______________________

Mit Mann und Klang ______________________

In Saus und Bogen ______________________

Ohne Sang und Pack ______________________

Unter Dach und Fülle ______________________

Mit Rat und Maus ______________________

In Hülle und Fach ______________________

Außer Rand und Kegel ______________________

Mit Kind und Band ______________________

Aus dem Wörterbuch der Redensarten:

Außer Rand und Band sein: sich nicht in Ordnung befinden, von Kindern: ausgelassen sein; eigentl. von Fässern gesagt, die „aus Rand und Band" geraten. Die Rda. stammt aus der Fachsprache des Böttchergewerbes: ein Faß, das aus Rand und Band ist, fällt auseinander...

Mit Kind und Kegel: mit der ganzen Familie. Eigentl. meint die stabreimende Formel: mit ehelichen und unehelichen Kindern, denn „Kegel" wird in einem Vokabular von 1482 als „uneheliches Kind" erklärt...

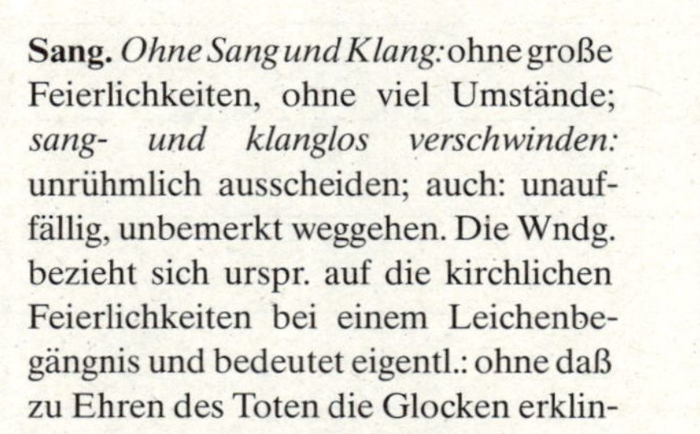

Sang. *Ohne Sang und Klang:* ohne große Feierlichkeiten, ohne viel Umstände; *sang- und klanglos verschwinden:* unrühmlich ausscheiden; auch: unauffällig, unbemerkt weggehen. Die Wndg. bezieht sich urspr. auf die kirchlichen Feierlichkeiten bei einem Leichenbegängnis und bedeutet eigentl.: ohne daß zu Ehren des Toten die Glocken erklingen und ein Trauerlied oder ein Requiem gesungen wird...

Bausch. *Eine Sache aufbauschen:* größer machen, ihr mehr Bedeutung beimessen als ihr zukommt. Bausch (mhd. büsch) ist das Geschwollene, der Wulst. Die Wndg. stammt wohl aus der Kleidermode früherer Zeiten, als die Bauschärmel üblich waren. *In Bausch und Bogen:* im ganzen, alles in allem. „In Bausch und Bogen" gehört zur Gruppe der stabreimenden Zwillingsformeln, die im dt. Redensartenschatz sehr reichlich vertreten ist, z.B.: zwischen Baum und Borke; an allen Ecken und Enden; auf Eid und Ehre; Feuer und Flamme; Freund und Feind; weder Fisch noch Fleisch; Geld und Gut; Gift und Galle; Glück und Glas; Grund und Grat; Haus und Hof; mit Haut und Haar; mit Herz und Hand; Himmel und Hölle; Hirt und Herde; Kaiser und König...

G Konjunktiv I – Indirekte Rede

1. Ein Polizeikommissar berichtet vor der Presse über die Entwicklung der Kriminalität. Unterstreiche in den Sätzen seines Berichtes das Prädikat im Indikativ. Achte auf zweiteilige Prädikate.

2. Forme die direkte und die indirekte Rede um, indem du Konjunktiv-I-Formen verwendest.
Der Polizeikommissar berichtet, die Zahl der schweren Diebstähle sei gestiegen.
Trage die Teile der indirekten Rede in die rechte Spalte ein.

Der Polizeikommissar berichtet:	indirekte Rede
„Die Zahl der schweren Diebstähle ist gestiegen;	sei gestiegen
der Täter geht meist sehr geschickt vor;	gehe meist …
er beobachtet das Haus seines Opfers;	er beobachte …
manchmal wird der Diebstahl von dem Opfer nicht bemerkt;	werde … nicht bemerkt
meistens nutzt der Dieb die Abwesenheit der Bewohner;	
oft dringt er durch ungesicherte Fenster ein;	
die Wohnung wird nach Geld und Wertsachen durchsucht;	
die Polizei steht bei der Verfolgung der Straftäter vor großen	
Problemen;	
sie will auch in Zukunft Aufklärungsarbeit leisten.“	

3. Unterstreiche im folgenden Text die Konjunktiv-I-Formen, und schreibe ihn als direkte Rede Christians auf.
Ahnenforschung werde immer beliebter, erklärte Christian in seinem Referat. Auch wer nicht sehr weit in die Vergangenheit zurückgehen wolle, könne recht einfach einen Stammbaum seiner Familie gestalten. Dazu werde auf einer größeren Wandfläche eine Pinnwand angebracht. Von den einzelnen Generationen stelle man dann die Namen der Personen bzw. Ehepaare zusammen und hefte jeweils ein Foto dazu. So entstehe ein Überblick über die Abstammungsverhältnisse in der eigenen Familie.

„Ahnenforschung wird immer beliebter", erklärte Christian in seinem Referat.

G Konjunktiv II

1. Formuliere die Wünsche so um, daß in den *wenn*-Sätzen der Konjunktiv II steht.

Phantastische Wünsche	Es wäre aufregend, wenn man
◆ durch eine Tarnkappe unsichtbar sein	durch eine Tarnkappe unsichtbar wäre.
◆ alle Sprachen verstehen	____________________
◆ Gedanken anderer Menschen lesen	____________________
◆ unverwundbar sein	____________________
◆ durch geschlossene Türen gehen	____________________
◆ auf einer einsamen Insel leben	____________________
◆ in die Vergangenheit reisen	____________________
◆ mit 14 Jahren Motorrad fahren	____________________

2. Unterstreiche in dem Text von Franz Kafka *Auf der Galerie* die Verbformen im Indikativ und im Konjunktiv II mit verschiedenen Farben. In den Sätzen ist auch eine Verbform des Konjunktivs I enthalten.

Auf der Galerie

Wenn irgendeine hinfällige, lungensüchtige Kunstreiterin in der Manege auf schwankendem Pferd vor einem unermüdlichen Publikum vom peitschenschwingenden erbarmungslosen Chef monatelang ohne Unterbrechung im Kreise rundum getrieben würde, auf dem Pferd schwirrend, Küsse werfend, in der Taille sich wiegend, und wenn dieses Spiel unter dem nichtaussetzenden Brausen des Orchesters und der Ventilatoren in die immerfort weiter sich öffnende graue Zukunft sich fortsetzte, begleitet vom vergehenden und neu anschwellenden Beifallsklatschen der Hände, die eigentlich Dampfhämmer sind – vielleicht eilte dann ein junger Galeriebesucher die lange Treppe durch alle Ränge hinab, stürzte in die Manege, riefe das: Halt! durch die Fanfaren des immer sich anpassenden Orchesters.

Da es aber nicht so ist; eine schöne Dame, weiß und rot, hereinfliegt, zwischen den Vorhängen, welche die stolzen Livrierten vor ihr öffnen; der Direktor, hingebungsvoll ihre Augen suchend, in Tierhaltung ihr entgegenatmet; vorsorglich sie auf den Apfelschimmel hebt, als wäre sie seine über alles geliebte Enkelin, die sich auf gefährliche Fahrt begibt; sich nicht entschließen kann, das Peitschenzeichen zu geben; schließlich in Selbstüberwindung es knallend gibt; neben dem Pferde mit offenem Munde einherläuft; die Sprünge der Reiterin scharfen Blickes verfolgt; ihre Kunstfertigkeit kaum begreifen kann; mit englischen Ausrufen zu warnen versucht; die reifenhaltenden Reitknechte wütend zu peinlichster Achtsamkeit ermahnt; vor dem großen Salto mortale das Orchester mit aufgehobenen Händen beschwört, es möge schweigen; schließlich die Kleine vom zitternden Pferde hebt, auf beide Backen küßt und keine Huldigung des Publikums für genügend erachtet; während sie selbst, von ihm gestützt, hoch auf den Fußspitzen, vom Staube umweht, mit ausgebreiteten Armen, zurückgelehntem Köpfchen ihr Glück mit dem ganzen Zirkus teilen will – da dies so ist, legt der Galeriebesucher das Gesicht auf die Brüstung und, im Schlußmarsch wie in einem schweren Traum versinkend, weint er, ohne es zu wissen.

3. Der zweite Abschnitt des Textes beginnt mit dem Satz: *Da es aber nicht so ist…* Was bringt dieser Satz im Zusammenhang des Textes zum Ausdruck?

____

____

4. Wie stellen die Konjunktiv-II-Formen das Geschehen in der Manege im ersten Abschnitt des Textes dar?

____

____

G Schlagwörter und Schlagzeilen untersuchen

1. Unterstreiche in den folgenden Zeitungsartikeln Textstellen, die auf eine der unter (1) bis (9) genannten Schlagzeilen hinweisen.

2. Ordne die passende Schlagzeile dem jeweiligen Zeitungsartikel zu. Trage dazu den richtigen Buchstaben in das gewählte Kästchen ein. (Vorsicht. Einige Schlagzeilen führen in die Irre!)

a)
Kaum hatte eine 30jährige Fußgängerin im Parkgelände am Bergmannsbusch Motorengeknatter vernommen, da fehlte ihr auch schon der Einkaufskorb. Ein dreister Räuber hatte ihr den weiß lackierten Korb mit rotem Plastikfutter entrissen, in dem sich auch eine weinrote Geldbörse mit 6000 DM Inhalt befand. Der Mann flüchtete auf einem roten Mofa, er trug einen weißen Sturzhelm. Hinweise an die Polizei...

b)
Aus dem Staube machte sich ein Autofahrer, der im Einmündungsbereich Scholerpad/Mellinghofer Straße einen 56jährigen Fußgänger angefahren hatte. Der Fußgänger blieb schwer verletzt auf der Straße liegen und mußte ins Krankenhaus eingeliefert werden. Das Unfallfahrzeug wurde kurze Zeit später an der Besselstraße gefunden, der Fahrer war offenbar zu Fuß geflüchtet. Zeugen werden gebeten, sich mit der Polizei in Verbindung zu setzen.

c)
Die Fan-Bilanz der achten Europameisterschaft hat zwei Gesichter. „Unser Konzept galt der Sicherheit in den Stadien. Es ist aufgegangen. Das Zuschauerverhalten war optimal – selbst nach Niederlagen. Die hervorragende Atmosphäre bei den Spielen hat meine Erwartungen weit übertroffen", zog Wilhelm Hennes, Sicherheitsbeauftragter im Organisationskomitee der EURO '88, zwei Tage vor dem Finale in München ein positives Fazit.

1) **Vorsicht: Motorrad-Räuber unterwegs** ☐

2) **Oranje-Welle rollt schon nach München** ☐

3) **Stimmung im Stadion** ☐

4) **Falscher Polizist unterwegs** ☐

5) **Fußgänger flüchtig** ☐

6) **Ein Jahr Gefängnis** ☐

7) **Schwer verletzt und auch noch beschimpft...** ☐

8) **Räuber floh auf dem Mofa** ☐

9) **Feiern vor dem Finale** ☐

3. Erfinde selbst eine Schlagzeile zu dem folgenden Zeitungstext. Unterstreiche dazu Textstellen, die dir Hinweise auf die Schlagzeile geben.

____

____

Das geplante Hotelprojekt mit bundesdeutscher Beteiligung in der Türkei, gegen das Naturschützer seit Jahren Sturm laufen, ist geplatzt: Das Bundesministerium für wirtschaftliche Zusammenarbeit teilte am Freitag mit, das geplante Kaunos-Beach-Hotel werde nicht am Strand der Dalyan-Bucht gebaut. Dort nistet die gefährdete Meeresschildkröte (Caretta Caretta). Die türkische Regierung hatte – wie berichtet – kürzlich angekündigt, sie werde das Gebiet unter Naturschutz stellen.

R Großschreibung – Kleinschreibung (I)

ÄHNLICH	KOMISCH
ERSTAUNLICH	MERKWÜRDIG
FALSCH	SCHLECHT
FEUCHT	SCHLIMM
GUT	SCHWER
GEHEIMNISVOLL	UNANGENEHM
INTERESSANT	WICHTIG

Mal etwas Neues kaufen

1. Adjektive (Eigenschaftswörter) können zu Nomen (Hauptwörtern, Substantiven) werden, wenn *etwas, nichts, viel…* vorausgeht. Die Nomen erkennt man an der Endung *-es: etwas Neues.*
Bilde mit sechs dieser Adjektive Sätze, in denen sie als Nomen gebraucht werden!

____

____

____

____

____

____

2. Hier sind noch einige weitere Adjektive, die in der Kombination mit dem Wort *etwas* häufig falsch geschrieben werden:
frech, lustig, kostbar, menschlich, natürlich, spannend, unheimlich

Bilde mit diesen Wörtern einige Sätze, in denen zwischen dem Wörtchen *etwas* und dem Nomen das Wort *sehr* steht: *Ich habe etwas sehr Lustiges erlebt.*

____

____

____

____

____

____

3. Entscheide: groß oder klein? – Denke an die oben abgebildete Regel!

Mir ist heute etwas MERKWÜRDIGES passiert. Ich finde das etwas KOMISCH, was du da sagst.

____

Er sagt, ich hätte nichts FALSCH gemacht. Du bist doch etwas KINDISCH gewesen!

____

Sie hatte in letzter Zeit viel SCHWERES zu tragen. Ich finde da nichts KOMISCHES daran.

____

R Großschreibung – Kleinschreibung (II)

1. Die Wörter *im, zum, vom, beim, am* weisen auf die Großschreibung eines folgenden Verbs (in der Grundform) hin. Forme die Sätze nach dem Muster des ersten Beispiels so um, daß nach den oben genannten Wörtern ein nominalisiertes Verb steht.

Wir haben heute keine Zeit, um zu spielen.

Zum Spielen haben wir heute keine Zeit.

Er wurde von einem Gewitter überrascht, als er badete.

Beim ______

Ich bekam plötzlich Seitenstechen, als ich schnell rannte.

Vom ______

Sie hatte heute überhaupt keine Lust, im Garten zu arbeiten.

Zum ______

Wir hatten keine Gelegenheit, heute mittag zu essen.

Zum ______

Er verletzte sich leicht am Fuß, als er vom Barren sprang.

Beim ______

2. Setze die Zahlwörter in der richtigen Schreibweise in die Sätze ein. Du solltest im Zweifelsfall die Sprachbucheinheit „*Großschreibung – Kleinschreibung*" oder ein Wörterbuch zu Hilfe nehmen.

(3) → drei / Drei ?

Beim letzten Test habe ich eine ______ geschafft.

Meine kleine Schwester wird heute ______ .

Er kam fünf vor ______ aus der Stadt zurück.

(1/4) → viertel / Viertel ?

Wir kauften ein ______ Pfund Leberwurst.

Er hat schon ein ______ vom Kuchen gegessen.

Mein Bruder trank einen ______ Liter Milch.

(1) → eins / Eins ?

Sie hat in Englisch eine ______ geschrieben.

Wir treffen uns gegen ______ am Marktplatz.

Schreibe auf das erste Blatt eine große ______ .

(1.) → erste / Erste ?

Morgen ist der ______ des Monats Juli.

Mit drei Einzelsiegen war sie die ______ .

In der Schlange vor der Kinokasse war ich der ______ .

R Großschreibung – Kleinschreibung (III)

Wenn man einmal alle Fehler zählt, die Schüler bei der Großschreibung machen, so kann man feststellen, daß einige Wortkombinationen immer wieder falsch geschrieben werden. Dies sind sie:

der springfreudige frosch
(Artikel) (Nomen / Substantiv)

bei einem froschrennen
(Präposition) (Nomen / Substantiv)

1. Lies die folgenden Kurztexte aus dem Guinness Buch der Rekorde und aus einem Prospekt für Jugendbücher durch. Unterstreiche dabei zunächst die Kombination Artikel (Geschlechtswort) und Nomen (Substantiv): *der kleine Teich* usw.

2. Suche in einem zweiten Lesedurchgang alle Kombinationen heraus, die aus einer Präposition (Verhältniswort) und einem Nomen bestehen: *bei einem Froschrennen.*

Der längste Sprung gelang „Santjie", einem spitznasigen Froschweibchen (Rana oxyrhyncha), das am 21. Mai 1977 bei einem Froschrennen in Natal in drei aufeinanderfolgenden Sprüngen die 10,3-Meter-Marke übersprang. 1975 schaffte „Ex Lax" bei einem jährlich stattfindenden Springfrosch-Fest in Kalifornien (USA) einen Gewaltsprung von 5,35 m. Auf dem gleichen Froschderby gewann 1980 „Oh No" vor 40 000 Zuschauern mit einer Gesamtleistung von mehr als sechs Metern für drei Wertungssprünge.

Colin Dann: **Als die Tiere den Wald verließen**
312 Seiten. JM ab 10, Leinen
Bäume werden gefällt, der kleine Teich wird zugeschüttet. Die Tiere des Waldes beschließen, eine neue Heimat zu suchen. Und so machen sie sich, angeführt vom klugen Fuchs, eines Nachts auf den Weg. Es wird eine lange Reise, voller Abenteuer und Gefahren. Dabei überleben nicht alle die lange, mühevolle Reise. Für die Tiere, die den Naturpark erreichen, wird er aber zur neuen, sicheren Heimat.

3. Auch die folgenden Kombinationen werden immer wieder falsch geschrieben. Vielleicht liegt das daran, daß manche Schüler bei Empfindungswörtern wie *Angst, Ärger, Durst* usw. nicht daran denken, daß es Nomen (Substantive) sind. – Bilde mit einigen dieser Kombinationen Sätze. Denke daran, daß diese Wörter Nomen sind!

Angst	Lust	Mitleid	Furcht	Heimweh
Ärger	Schmerzen	Schreck	Gefühl	Scharm
Durst	Fröhlichkeit	Spaß	Gemütlichkeit	Schwung
Freude	Geschmack	Aufregung	Wut	Feuer
Hunger	Glück	Versehen	Hunger	Trauer

R Zusammen oder getrennt?

1. Bilde Straßennamen, und schreibe sie geordnet in die untenstehende Tabelle. Du kannst die Wörter mehrfach verwenden, Endungen verändern und dir auch witzige Namen einfallen lassen. Achte auf die Groß- und Kleinschreibung.

AN HAUPT
AM HEINRICH HEINE FRANKFURTER STRASSE HONIGSACK
DER
NEUER UNTERE PLATZ
IN STADTMAUER IM
ALTEN
BACH ADLER HIMMELREICH GOETHE
DEN
WASSERTURM ROTER WEG
SILCHER
RING GASSE ALBRECHT DÜRER
ALTEN SCHMIEDE
TANNEN HÖLLEN TONGRUBEN
ROBERT KOCH BLAUEN BURG SCHNELL AMSEL

Zusammenschreibung	Getrenntschreibung
	Bindestriche

R Fremdwörter

Cha|mä|le|on *griech.*, das: -s, -s; (Baumeidechse, die ihre Farbe der jeweiligen Umgebung anpaßt); **chamäleonartig**
Cham|pa|gner *franz. [schampanj^{e}r]*, der: -s, -; (Schaumwein)
Cham|pi|gnon *franz. [schampinjong]*, der: -s, -s; (Edelpilz)
Cham|pi|on *engl. [tschämpj^{e}n]*, der: -s, -s; (Meister in einer Sportart)
Chan|ce *franz. [schangß^{e}]*, die: -, -n; (günstige Gelegenheit, Möglichkeit); seine Chancen wahrnehmen
Chan|son *franz. [schangßong]*, das: -s, -s; (Liedart)
Cha|os *griech. [kaoß]*, das: -; (Durcheinander, Wirrwarr); **chao|tisch**
Cha|rak|ter *griech.*, der: -s, Charaktere; (Wesensart, sittliches Verhalten); der Charakter einer Landschaft — Charakter haben, beweisen — die Besprechung trug vertraulichen Charakter; die **Charakteristik**, das **Charakteristikum**; **charakterfest**, **charakteristisch**, **charakterlich**; **charakterlos**; **charakterisieren**
Charme *franz. [scharm]*, der: -s; **charmant** (liebenswürdig); → Scharm
Char|ta *lat. [karta]*, die: -, -s; (Verfassungsurkunde, Staatsgrundgesetz)
char|tern *engl. [(t)schartern]*: (ein Schiff oder Flugzeug mieten); das **Charterflugzeug**
Chas|sis *franz. [schaßi]*, das: *-[schaßi(ß)]*, *-[schaßiß]*; (Fahrgestell des Autos; Rahmen des Rundfunkgerätes)
Chauf|feur *franz. [schoför]*, der: -s, -e; (Fahrer); **chauf|fie|ren**
Chef, der: -s, -s; der **Chefarzt**, der **Chefpilot**, die **Chefsekretärin**
Che|mie *arab.*, die: -; (Wissenschaft von den Eigenschaften und den Umwandlungen der Stoffe); die **Chemikalien**, der **Chemiker**; **chemisch**
Chif|fre *franz. [schifr^{e}]*, die: -, -n; (Ziffer; Geheimzeichen, -schrift, Kennwort); **chiffrieren** (verschlüsseln)
Chi|ne|se, der: -n, -n; **chinesisch**: das Chinesisch (Sprache) — die Chinesische Mauer
Chi|nin *indian.*, das: -s; (ein Fiebermittel)
Chips *engl. [tschipß]*, die: *nur Plur.*; (dünne, in Fett gebackene Scheibchen roher Kartoffeln)
Chir|urg *griech.*, der: -en, -en; (Facharzt für Operationen); die **Chirurgie**; **chirurgisch**
Chlor *griech. [klor]*, das: -s; (chem. Grundstoff); das **Chloroform** (Betäubungsmittel), das **Chlorophyll** (Blattgrün); **chloroformieren**
Cho|le|ra *griech. [kolera]*, die: -; (schwere Infektionskrankheit); die **Choleraepidemie**
Cho|le|ri|ker *griech. [koleriker]*, der: -s, -; (reizbarer, leicht aufbrausender Mensch); **cholerisch**
Chor *griech. [kor]*, der: -(e)s, Chöre; (mehrstimmiger Gesang, größere Sängergruppe); im Chor singen, sprechen, antworten; der **Chorgesang**, der **Chorsänger**
Cho|ral *griech. [koral]*, der: -s, Choräle; (Kirchenlied)
Chri|stus *griech. [krißtuß]*: (der „Gesalbte", Jesus Christus); der **Christ**, das **Christentum**, die **Christenverfolgung**, das **Christkind**, die **Christrose**; **christlich**; vor Christi Geburt: *Abk.* v. Chr.; nach Christi Geburt: *Abk.* n. Chr.
Chrom *griech. [krom]*, das: -s; (chem. Grundstoff; Schwermetall)
Chro|nik *griech. [kro...]*, die: -, -en; (Bericht über geschichtliche Vorgänge nach ihrer Zeitfolge); der **Chronist** (Verfasser einer Chronik); **chronologisch** (zeitlich geordnet), **chronisch**: eine chronische (langsam verlaufende) Krankheit
cir|ca: *Abk.* ca.
Ci|ty *engl. [ßiti]*, die: -, -s; (Innenstadt, Stadtzentrum)
cle|ver *engl.*: (klug, gewitzt, geschäftstüchtig, wendig)
Clinch *engl. [klin(t)sch]*, der: -(e)s; (Klammergriff; Streit)
Cli|que *franz. [klik^{e}]*, die: -, -n; (Gruppe mit eigennützigen Zielen; Sippschaft, Klüngel); die **Cliquenwirtschaft**
Clown *engl. [klaun]*, der: -s, -s; (Spaßmacher)
Club, der: -s, -s; → Klub
Cock|pit *engl.*, das: -s, -s; (Pilotenkabine im Flugzeug)
Cock|tail *engl. [kokte^{i}l]*, der: -s, -s; (alkoholisches Mischgetränk); die **Cocktailparty**
Code, der: -, -; → Kode
Co|gnac *franz. [konjak]*, der: -s, -s; (Weinbrand); → Kognak
Col|la|ge *franz. [kolasch^{e}]*, die: -, -n; (aus Papier oder anderem Material zusammengestelltes Bild)
Colt, der: -s, -s; (*nach dem amerik. Erfinder* Samuel Colt *benannter Revolver*)
Come|back *engl. [kambäk]*, das: -(s), -s; (Wiederauftreten eines bekannten Künstlers, Sportlers, Politikers nach längerer Pause)
Co|mic *amerik.*, der: -s, -s; *Kurzw. für* Comic strip (gezeichnete Bildergeschichte)
Com|pu|ter *engl. [kompjut^{e}r]*, der: -s, -; (elektronische Rechenmaschine)
Con|tai|ner *engl. [konten^{e}r]*, der: -s, -; (Großbehälter zum Gütertransport); das **Containerschiff**, der **Müllcontainer**
con|tra *lat.*: (gegen); → kontra
cool *amerik. [kul]*: (ruhig, überlegen, kaltschnäuzig)
Cord, der: -(e)s, -e/-s; (geripptes Gewebe); die **Cordhose**; → Kord
Couch *engl. [kautsch]*, die: -, -es/-en; (gepolsterte Liegestatt)
Cou|pé *franz. [kupe]*, das: -s, -s; (sportlicher, geschlossener Personenkraftwagen)
Cou|pon *franz. [kupong]*, der: -s, -s; (Abschnitt; Zinsschein)
Cou|ra|ge *franz. [kurasch^{e}]*, die: -; (Mut); **couragiert** (beherzt)
Cou|sin *franz. [kusäng]*, der: -s, -s; (Vetter); die **Cou|si|ne** *[kusin^{e}]*; → Kusine
Cow|boy *engl. [kaubeu]*, der: -s, -s; (nordamerik. berittener Rinderhirt)
Creme *franz.*, die: -, -s; (feine Süßspeise; Salbe zur Hautpflege; das Erlesenste); **cremen**: die Hände cremen
ČSSR: Československá socialistická republika (Name der Tschechoslowakei)
CSU: Christlich-Soziale Union
Cup *engl. [kap]*, der: -s, -s; (Pokal; Ehrenpreis bei sportlichen Wettkämpfen); am Tennis-Cup teilnehmen
Cut|ter *engl. [kat^{e}r]*, der: -s, -; (Schnittmeister bei Film und Rundfunk)
CVJM: Christlicher Verein Junger Menschen (Pfadfindervereinigung)

D

D: (römisches Zahlzeichen für 500)
da: *Adv.* hier und da — da und dort — da kommt er endlich — da draußen vor der Tür; *Konj.* da es regnete, blieb er zu Hause
da|be|hal|ten
da|bei: er war immer dabei — was ist denn schon dabei; **dabeibleiben**: er

1. Suche aus den Ausschnitten aus einem Wörterbuch die unten in der Tabelle nur in Lautschrift angegebenen Wörter heraus, und schreibe sie in die Spalte daneben. Trage in die folgenden Spalten die Herkunftssprache und bei einigen Wörtern die Bedeutung ein. Achtung: zwei Wörter stehen nicht oben. Du mußt sie nachschlagen.

Lautschrift	Schreibweise	Herkunftssprache	Bedeutung
klaun			
(t)schartern			
kambäk			
kaoß			
kompanjong			
klik^{e}			
scharm			
komfor			
tschipß			
kaubeu			

2. Stellt für euren Nachbarn eine weitere Tabelle in gleicher Form auf, und tauscht sie zur Bearbeitung aus. Ihr könnt auch weitere Seiten aus einem Wörterbuch dazu benutzen.

A Texterschließung (I)

Wehre und Talsperren

Der Bau von Wehren und Talsperren ist ein eindrucksvolles Beispiel für den Versuch des Menschen, sich die Kräfte der Natur untertan zu machen. Vor allem Talsperren bändigen mächtige Flüsse und verhindern dadurch oft folgenschwere Überflutungen. Das hinter einer Talsperre gespeicherte Wasser kann zur Energiegewinnung oder zur Bewässerung von Dürregebieten genutzt werden. Manche Talsperren – wie der Tarbeladamm in Pakistan – sollen alle diese Zwecke gleichzeitig erfüllen.

Talsperren setzen sich aus dem eigentlichen Sperrenbauwerk und verschiedenen Betriebsanlagen zusammen. Die Sperrenbauwerke – aus Beton errichtete Staumauern oder auch nur aus Fels und Erde aufgeschüttete Staudämme – erreichen bisweilen eine Höhe von mehreren hundert und eine Länge von vielen tausend Metern. Damit stellen sie die größten aller jemals von Menschenhand geschaffenen Bauwerke dar.

Erddämme und Gewichtsstaumauern

Der Tarbeladamm, der aus über 140 Millionen Kubikmetern Fels und Erde erbaut wurde, ist ein geschütteter Erddamm mit Kerndichtung. Bei einem solchen Damm werden unzählige Erd- und Felsladungen übereinandergeschüttet, bis die gewünschte Höhe erreicht ist. Nach seiner Fertigstellung ist ein Erddamm an der Basis, die dem stärksten Wasserdruck standhalten muß, sehr breit, verjüngt sich dann aber beidseitig zu einer relativ schmalen Krone. Der Dichtungskern besteht aus tonigem Material (bisweilen auch Beton), das tief in den Untergrund hineinreicht. Auf diese Weise wird verhindert, daß Wasser durch oder auch unter den Damm dringen kann.

Die Standsicherheit eines geschütteten Erddamms beruht auf seinem hohen Eigengewicht. Auch Gewichtsstaumauern aus Beton halten dem Wasserdruck aufgrund ihres großen Eigengewichts stand. Ein Beispiel für eine solche Gewichtsstaumauer ist die über 20 Millionen Tonnen schwere Grand-Coulee-Staumauer im nordamerikanischen Bundesstaat Washington, die mit 168 Metern Höhe und 1272 Metern Länge eines der größten Stauwerke der Welt darstellt. Ihr Querschnitt weist die Form eines rechtwinkligen Dreiecks auf, dessen längste Seite dem Wasser zugewandt ist. Andere Sperrenbauwerke aus Beton werden zusätzlich durch hohe Pfeiler verstärkt.

Bogenstaumauern

Gewichtsstaumauern aus Beton verschlingen enorme Materialmengen und verursachen entsprechende Kosten. Wo es möglich ist, der Staumauer die Form eines Bogens zu geben, läßt sich die gewünschte Wirkung jedoch auch mit sparsameren Mitteln erzielen. Bogenstaumauern sind besonders geeignet zum Absperren schmaler Schluchten. Sie wölben sich dem Strom entgegen und übertragen einen Teil des Wasserdrucks durch Bogenwirkung auf die Talflanken.

Eine Variante der Bogenstaumauer ist die Kuppelstaumauer, die sich nicht nur von links nach rechts, sondern auch von oben nach unten wölbt. Beide Konstruktionsformen können sehr viel schmaler ausgeführt werden als Gewichtsstaumauern oder gar Erddämme. Neben ihrer Form nutzen sie auch eine der hervorragendsten Eigenschaften des Betons: seine große Druckfestigkeit.

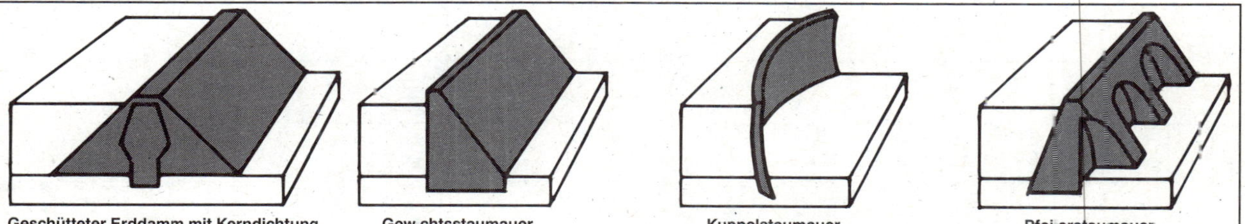

Geschütteter Erddamm mit Kerndichtung | Gewichtsstaumauer | Kuppelstaumauer | Pfeilerstaumauer

Der Text über Wehre und Talsperren beschreibt die Aufgabe von Talsperren und erläutert einige Möglichkeiten, Staumauern zu bauen. Eure Aufgabe ist es, einem Zuhörer die allgemeine Funktion von Talsperren und die wichtigsten Stauwerkarten zu erklären.

1. Arbeitsschritt:
Lies den Text, und betrachte die Bilder.

A Texterschließung (II)

2. Arbeitsschritt:
Kläre unbekannte Fachbegriffe, und notiere dir ihre Bedeutung. Benutze das Wörterbuch.

Wehr: ______

Sperrenbauwerk: ______

... ______

... ______

... ______

... ______

... ______

... ______

... ______

... ______

... ______

... ______

... ______

3. Arbeitsschritt:
Lies den Text noch einmal.

4. Arbeitsschritt:
Gliedere den Text in Abschnitte, und finde Zwischenüberschriften.

1. Absatz: Talsperren und ihre Funktion

2. Absatz: ______

3. Absatz: ______

4. Absatz: ______

5. Absatz: ______

6. Absatz: ______

A Texterschließung (III)

5. Arbeitsschritt:
Schreibe stichwortartig das Wichtigste des Textes heraus.

Allgemeine Funktion von Talsperren und die häufigsten Stauwerkarten

1. Einleitung

2. Erddamm mit Kerndichtung

3. . . .

4. . . .

5. . . .

6. Schlußsatz

A Fehler markieren – Fehler berichtigen (I)

Berichtigen ohne Tintenkiller

1. Diktiert euch den folgenden Text gegenseitig! Bei der Markierung || könnt ihre eure Rollen tauschen.

Achtung! a) Schreibe auf das folgende Linienblatt.
b) Während des Diktates wird es vielleicht vorkommen, daß du dich verschreibst. Streiche die falschen Buchstaben oder Wörter nicht einfach durch, sondern benutze die Korrekturzeichen, die dir auf deinem Linienblatt vorgeschlagen werden. So erreichst du, daß deine Korrektur eindeutig und ordentlich ist. Mißverständnisse und Nachfragen kannst du auf diese Weise vermeiden.

Warum schnurrt die Katze?

Wie kein anderes Haustier hat die Katze eine innige Beziehung zum Menschen entwickelt und sich gleichzeitig so viel Unabhängigkeit bewahrt. Doch warum schnurrt die Katze? Weil sie zufrieden ist? Nicht unbedingt. Katzen schnurren auch bei großem Schmerz, bei Verletzungen, in den Wehen und selbst noch in der Todesstunde oft laut und anhaltend. Schnurren drückt den Wunsch nach Zuwendung aus. Es kann sich also auch an einen Tierarzt richten, wenn die verletzte Katze spürt, daß sie auf sein Wohlwollen angewiesen ist, oder an den Besitzer als Dank für erwiesene Freundschaft.

Um ihr Vertrauen zu beweisen, zeigt eine Katze jedoch noch weitere Verhaltensweisen. Wenn ein Besitzer seine Katze mit ein paar freundlichen Worten begrüßt, antwortet sie vielleicht auch damit, daß sie sich auf den Boden rollt. || Sie streckt die Beine aus, sie gähnt, sie zeigt die Krallen und zieht sie wieder ein, und sie zuckt leicht mit der Schwanzspitze. Nur wenige Katzen würden es wagen, einen Fremden so zu begrüßen, weil die Position mit dem Bauch nach oben sie nahezu wehrlos macht. Die Katze zeigt damit ausdrücklich: „Ich rolle mich herum, um dir zu zeigen, daß ich dir vertraue.“

Eine Katze, deren Schwanz hin und her pendelt, ist nicht wütend. Das Schwanzwedeln zeigt lediglich an, daß sich das Tier hin- und hergerissen fühlt. Wenn eine Katze miaut, damit man sie hinausläßt, und gerade ein heftiger Regenschauer niedergeht, beginnt sie wahrscheinlich, mit dem Schwanz zu wedeln. Aber sobald sie sich entschieden hat, entweder ins Haus zurückzulaufen oder tapfer einen Kontrollgang durch ihr Revier anzutreten, hört das Schwanzwedeln auf.

22/1

A Fehler markieren – Fehler berichtigen (II)

Korrekturzeichen

① Überflüssige Wörter werden durchgestrichen.

Viele Hundebesitzer ~~finden~~ meinen ...

② Falsche Wörter werden durchgestrichen und am Rand durch die richtigen ersetzt.

Das ~~bellen~~ soll lediglich ... ⊢⊣ Bellen

③ Überflüssige Buchstaben werden durchgestrichen.

Ein Irrtum ist manchmal~~ß~~ ...

④ Fehlende Wörter, Satzteile oder Sätze werden durch das Winkelzeichen ⌐ kenntlich gemacht und am Rand angegeben.

Bei Flucht geht ⌐ dagegen lautlos zu. ⌐ es

⑤ Umstellungen werden durch Ziffern gekennzeichnet.

Die Katze faucht[2] dagegen[1] und zischt ...

2. Berichtige dein Diktat, indem du deinen Text genau mit der Vorlage vergleichst.

A Leitfragen an Texte stellen (I)

Höchster Luxus im Haushalt

Der erste sagte: „Ich habe eine automatische Waschmaschine angeschafft. Sie war natürlich teuer, aber wenn auch die Frau Geld verdient, kann man sich das schon leisten. Meine Ottilie ist Verkäuferin bei Gebrüder Weitersberg. So ein Gerät gehört einfach in eine moderne Familie. Man muß mit der Zeit gehen."
„Auch meine Frau", sagte der zweite, „ist berufstätig. Sie ist Buchhalterin bei Tiefbau-Strack und bringt sogar mehr Geld heim als ich. Wir haben jetzt eine automatische Tellerwaschmaschine gekauft. Hinein mit dem Geschirr, und schon ist alles sauber und trocken. Damit fällt eine der leidigsten Hausarbeiten weg. Eine großartige Erleichterung."
„Gewiß", nickte der dritte. „Aber wenn man schon anfängt mit der Automation des Haushalts, muß man sie auch konsequent zu Ende führen. Das haben wir uns gesagt und die elektrische ‚Traumküche' erworben. Darin ist alles enthalten: Tellerwäscher, Waschautomat, Schnellgrill, Mixer, Kaffeemühle, Abfallschlucker und noch verschiedenes andere. Wenn Erna aus der Praxis nach Hause kommt, drückt sie nur ein paar Knöpfe."
„Allerhand. Der reinste Luxus. Aber das muß ja fast unerschwinglich sein?"
„Ich habe ein schönes Gehalt", antwortete der dritte, „und meine Frau ist Zahnärztin. Auf diese Weise können wir gut nachkommen mit den Raten."
„All diese Maschinen", sagte der vierte, „mögen bescheidenen Ansprüchen genügen, gegen unseren Haushalts-Super sind sie der reinste Murks. Wir, meine Herren, haben die vollautomatische Universalhauswirtschaftsmaschine ‚Prodigio', eine Luxusfabrikation von Fabricator Mundi[1]. Das Komfortabelste und Perfekteste, was es überhaupt geben kann, ein Wunderwerk. Ihr solltet diese Maschine einmal in Tätigkeit sehen! Sie ist unvergleichlich, unübertrefflich, wäscht, plättet, macht sauber, putzt Fenster, räumt auf und kocht."
„Das ist ja wohl nicht möglich!"
„Oh, sie kann noch mehr: Betten machen, nähen, stopfen, flicken, stricken und sterilisieren."
„Kaum zu glauben. Es gehört wohl ein Spezialstudium dazu, so eine Maschine zu bedienen?"
„Gar kein Studium. Man schafft sie an und kümmert sich um nichts, sie schaltet sich selbsttätig ein und aus, je nach Bedarf. Und was das wunderbarste ist, sie stellt ihren Arbeitsplan selber auf und erledigt die verschiedenen Arbeiten in der zweckmäßigsten Reihenfolge und Kombination. Sie hat ein Elektronenhirn. Das ermöglicht es ihr auch, den Kindern bei den Schularbeiten zu helfen. Sie leistet überhaupt Vorzügliches in der Kindererziehung."
„Was? Du mußt ja der reinste Krösus[2] sein, daß du dir eine solche Maschine leisten kannst. Die müssen wir sehen."
„Kommt alle mit, ich führe sie euch vor."
Die Herren tranken aus und gingen zum Hause des vierten. Da stand die Maschine und wusch gerade Spinat. Sie hatte eine Schürze um, hieß Ursula und war die Hausfrau. Eine Frau, die nicht Geld verdienen ging und den ganzen Tag zu Hause war.
„Das", riefen die drei, „ist allerdings der höchste Luxus."
Die vollautomatische Universalhauswirtschaftsmaschine lächelte.
Lächeln konnte sie wahrhaftig auch.

Hellmut Holthaus

1 *Lateinisch: Schöpfer der Welt*
2 *sehr reicher Mann*

Lies den Text durch. Schreibe kurz deine ersten Gedanken zu dem Text auf.

A Leitfragen an Texte stellen (II)

1. Leitfrage Wovon handelt der Text?

1. Gib den Inhalt des Textes wieder.

2. Leitfrage Wo spielt die Handlung der Geschichte?

1a) Über den Ort des ersten Teils der Handlung kannst du nur Vermutungen anstellen. Schreibe diese auf. Einen kleinen Hinweis bekommst du gegen Ende der Geschichte.

b) Wo spielt das Geschehen am Ende der Geschichte? Schreibe auf, wie du dir die Situation vorstellst.

3. Leitfrage Wer sind die Personen des Textes?

1. Schreibe über die vier Herren, ihre Frauen, die Berufe der Frauen, ihren Luxus im Haushalt.

erste Familie:

zweite Familie:

dritte Familie:

vierte Familie:

2. Erkennst du die Unterschiede zwischen den einzelnen Familien?

3. Wie begründen die Männer den Kauf ihrer Luxusgeräte? Unterstreiche im Text.

4. Warum verdienen die Frauen Geld?

4. Leitfrage Gibt es im Text auffällige sprachliche Elemente?

1. Das Wort Maschine spielt in dem Text eine wichtige Rolle. An welcher Stelle im Text hast du erkannt, daß es sich im vierten Haushalt nicht um eine Maschine handelt? Woran hast du das erkannt?

A Leitfragen an Texte stellen (III)

2. Der vierte Mann spricht von seiner Frau, als würde er eine Maschine beschreiben.
„Man schafft sie an und kümmert sich um nichts, sie schaltet sich selbsttätig ein und aus, je nach Bedarf."
Wie ist deine Meinung dazu, daß die Frau wie eine gut funktionierende Maschine vorgeführt wird?

5. Leitfrage Welche Absicht verfolgt der Erzähler?

1. *„Das", riefen die drei, „ist allerdings der höchste Luxus."* So endet die Geschichte. Wie verstehst du diesen Satz?

2. Das Wort „Luxus" heißt zu deutsch „Verschwendung", „Prunksucht".
a) Lies die Geschichte noch einmal, und setze für „Luxus" „Verschwendung" oder „Prunksucht" ein.
b) Die Geschichte hieße dann *Höchste Verschwendung im Haushalt* oder *Höchste Prunksucht im Haushalt.* Schreibe auf, was nach Meinung des Erzählers wohl die höchste Verschwendung im Haushalt ist. Was wird verschwendet? Womit prunken die Männer? Womit geben sie an?

c) Der Erzähler denkt anders als die Männer der Geschichte. Unterstreiche im Text Stellen, die dir übertrieben vorkommen. Ein Beispiel: *„All diese Maschinen", sagte der vierte, „mögen bescheidenen Ansprüchen genügen, gegen unseren Haushalts-Super sind sie der reinste Murks."*
Sprecht darüber, wie diese Stellen auf euch wirken.

3. Die Geschichte endet mit den Sätzen: *Die vollautomatische Universalhauswirtschaftsmaschine lächelte. Lächeln konnte sie wahrhaftig auch.*
Der Erzähler will uns darauf hinweisen, wie diese Hausfrau sich fühlt. Was meinst du? Begründe deine Meinung.

4. Anregungen für ein Gespräch mit deinen Klassenkameraden:
Worin seht ihr Vorteile und Nachteile, wenn eine Frau nur Hausfrau ist? Notiere einige Stichwörter, ehe ihr gemeinsam über diesen Punkt sprecht.